Gustav Schwartz von Mohrenstern

Über die Familie der Rissoiden

Gustav Schwartz von Mohrenstern

Über die Familie der Rissoiden

ISBN/EAN: 9783743481718

Hergestellt in Europa, USA, Kanada, Australien, Japan

Cover: Foto ©berggeist007 / pixelio.de

Manufactured and distributed by brebook publishing software
(www.brebook.com)

Gustav Schwartz von Mohrenstern

Über die Familie der Rissoiden

ÜBER

DIE FAMILIE DER RISSOIDEN.

II.

RISSOA.

VON

GUSTAV SCHWARTZ v. MOHRENSTERN.

Mit 4 Tafeln.

VORGELEGT IN DER SITZUNG AM 15. MAI 1863.

—

(Fortsetzung zu der im XIX. Bande der Denkschriften der kais. Akademie der Wissenschaften, Wien 1860, erschienenen ersten Abhandlung: Über die Familie der Rissoiden. I. Rissoina.)

WIEN.

AUS DER KAISERLICH-KÖNIGLICHEN HOF- UND STAATSDRUCKEREI.

—

IN COMMISSION BEI KARL GEROLD'S SOHN, BUCHHÄNDLER DER KAISERLICHEN AKADEMIE DER WISSENSCHAFTEN.

1864.

BESONDERS ABGEDRUCKT AUS DEM XXIII. BANDE DER DENKSCHRIFTEN DER MATHEMATISCH-NATURWISSENSCHAFTLICHEN CLASSE DER KAISERLICHEN AKADEMIE DER WISSENSCHAFTEN.

ÜBER

DIE FAMILIE DER RISSOIDEN.

II.

RISSOA.

VON

GUSTAV SCHWARTZ VON MOHRENSTERN.

(Mit 4 Tafeln.)

VORGELEGT IN DER SITZUNG DER MATHEMATISCH-NATURWISSENSCHAFTLICHEN CLASSE AM 15. MAI 1863.

(Fortsetzung zu der im 19. Bande der Denkschriften der k. Akademie der Wissenschaften, Wien 1860 erschienenen ersten Abhandlung über die Familie der Rissoiden. I. Rissoina.)

Als ich vor drei Jahren den ersten Theil meiner Arbeiten über die Familie der Rissoiden, das Allgemeine über diese Familie und die besondere Darstellung der Gattung Rissoina und ihrer Arten begreifend, veröffentlichte, lag mir der Stoff zur Bearbeitung der übrigen Gattungen derselben Familie nach seinen wesentlichen Grundzügen schon vor, ich sah mich indessen damals durch Zweifel über einige nicht unwichtige Punkte veranlasst, die Veröffentlichung des zweiten Theiles der Arbeit noch zu verzögern.

Es betrafen diese Zweifel namentlich die Beständigkeit eines Theiles der von verschiedenen Zoologen aufgestellten Gattungen der Rissoiden und die Einreihung einiger Arten unter diese Gattungen. Es war mir besonders darum zu thun, noch eine Anzahl von Thieren aus den betreffenden Gruppen zu untersuchen und mir auf diese Weise noch mehr Gewissheit über den Grad von Übereinstimmung zu verschaffen, der zwischen dem anatomischen Charakter des Thieres einerseits und der Gestaltung der festen äusseren Theile, Gehäuse und Deckel andererseits besteht. Eine solche Übereinstimmung war wohl nach den allgemeinen Erfahrungen der neueren Conchyliologen als ziemlich sicher anzunehmen, ich wünschte aber zu vollkommener Sicherheit auch für das engere Feld meiner Arbeiten ihren Grad auf Grund eigener Forschung festzustellen.

Die Untersuchungen, welche ich seither an Thieren, Gehäusen und Deckeln von Arten aus verschiedenen Gruppen dieser Familie anstellte, haben mir nun in der That die sichere Überzeugung verschafft, dass die 532 Arten von Gasteropoden, welche als Rissoen beschrieben wurden, nicht nur nach den charakteristischen Merkmalen der Thiere in bestimmte Gruppen zerfallen und sich darnach in eine Anzahl wohlbegründeter Gattungen, wie sie theilweise H. und A. Adams in ihrem Werke „Genera of recent Mollusca" angenommen haben, eintheilen lassen, sondern auch ohne Berücksichtigung der anatomischen Gattungscharaktere des Thieres schon nach der äusseren Form und Verzierung des Gehäuses mit Bestimmtheit generisch deuten und in die ihnen gebührende Stelle im Systeme einreihen lassen. Dies letztere Ergebniss brachte namentlich den Gewinn, auch die nur in fossilen Exemplaren bekannten Arten, bei denen man sich auf die äusseren Charaktere des Gehäuses angewiesen sieht, nach ihren natürlichen Verwandtschaften vollständig ordnen zu können.

Von den 532 Arten, welche, wie gesagt, bisher theils nach lebenden, theils nach nur im fossilen Zustande bekannten Formen von den verschiedenen Conchyliologen unterschieden worden sind, wurden in der bereits veröffentlichten ersten Abtheilung dieser Arbeit 63 in die Gattung *Rissoina* übertragen. 95 kamen in die Gattung *Rissoa*, von welchen jedoch 48 Synonyme sind. 128 in die Gattung *Alvania*, von welchen ebenfalls 46 unter die Synonyme fallen. Sonach beschränkt sich die Zahl der Arten der engeren Gattung *Rissoa* mit dem ursprünglichen Gattungscharakter nach Fréminville auf 47 und jene der Gattung *Alvania* nach Risso auf 82 wohlausgeprägte Arten. Wenn die eben angeführten Zahlen nicht mit den Angaben der ersten Abhandlung vom Jahre 1860 vollkommen übereinstimmen, so liegt der Grund nur darin, dass die Arten der damals schon bekannten und aufgestellten *Rissoinen* hier nicht mitgezählt wurden, ferner dass seit jener Zeit manche *Rissoa* neu dazu gekommen, dagegen andere wieder von ihnen getrennt wurden. Die Zahl der ausgeschiedenen und in andere Gattungen übertragenen Arten beträgt allein 97.

Wie es bei der Darstellung der Gattung *Rissoina* bereits geschah, habe ich der übersichtlichen Anordnung halber, und um die Bestimmung neu aufgefundener Formen zu erleichtern, es vermieden, die Zahl der Arten allzusehr einzuengen. Manche Gruppe von eng verwandten Formen, welche durch grosse Ähnlichkeit der Charaktere und nahe Beziehungen ihrer geologischen und geographischen Verbreitung mit Wahrscheinlichkeit auf gemeinsame Abstammung von einer und derselben Grundform zurückweisen, würde sich wohl auch als Varietätenkreis einer einzigen Art auffassen lassen. Man würde dadurch eine geringere Zahl von Arten in jeder Gattung erhalten, hätte dafür aber in jeder Art eine Reihe von Varietäten zusammen zu fassen, die eben so bestimmt unterschieden werden müssten, als ob sie Artnamen führten, und deren Vernachlässigung sich sowohl auf geologischem und thiergeographischem, besonders aber auf geologischem Gebiete hart rächen dürfte. Mit Rücksicht auf die Praxis erschien mir diese Methode als unausführbar, ich glaube dagegen, dass die verschiedenen Artengruppen, in welche man solche eng verwandte Arten zusammenordnet, ein eben so genauer Ausdruck für enge Verwandtschaft und muthmasslich gemeinsamer Abstammung sein können. Der Grad der Verwandtschaft und die Nähe der gemeinsamen genealogischen Wurzel lassen sich für Arten einer gleichen Gruppe eben so sicher und eben so rein wissenschaftlich bezeichnen, als für Varietäten ein und derselben Art.

Dass übrigens eine Zusammenziehung ganzer Artengruppen zu einer einzigen Species zu Verwechslungen und mannigfachen anderen Missständen Anlass geben kann, zeigen die Ergebnisse der Versuche, welche man, wenn auch mit noch so grosser Vorsicht in dieser Beziehung, unternommen hat. Die Nachtheile, welche bei der Benützung solcher Werke sich geltend machen, sollten schon an und für sich davon abhalten.

Es pflegen in jenen Werken, welche nahe verwandte Arten als Varietäten derselben Art zusammenziehen, die geographischen und geologischen Fundstätten der besonderen Formen nicht deutlich genug auseinander gehalten zu werden: eben so ist man bei Beschreibung der Charaktere des Thieres einer jener Collectiv-Arten gewöhnlich kaum im Stande zu beurtheilen, von welcher der sogenannten Varietäten, richtiger der besonderen Arten, sie entnommen wurde. Das unpraktische des Verfahrens hat sich in zahlreichen Fällen nur allzu deutlich herausgestellt.

So gelangt man, um ein Beispiel anzuführen, zu einem auffallenden Resultat, wenn man die Angaben von Herrn Clark in seinen „British Marine Testaceous Mollusca", und von Forbes und Hanley in ihrem Werke: „British Mollusca" zusammenstellt. Es kommen z. B. nach Clark zur *Rissoa parva* Da Costa als Varietäten: *Rissoa interrupta* Adams, *R. costulata* Alder, *R. rufilabrum* Leach, *R. labiosa* Mont., *R. Sarsi* Lovèn und *R. discrepans* Brown; Forbes und Hanley dagegen zählen zur *Rissoa costulata* Alder, welche Clark als Varietät der *Rissoa parva* bezeichnet: *Rissoa variabilis* Mühlfeld (*R. costata* Desmarest) *R. costulata* Risso, *R. similis* Scacchi und *R. Guerini* Récluz, eben so glauben Forbes und Hanley zur *Rissoa labiosa* Mont., welche Clark ebenfalls als Varietät der *Rissoa parva* anführt, die *Rissoa venusta* Philippi, *R. elata* Phil., *R. grossa* Michaud und vielleicht sogar *R. auriscalpium* Linné zählen zu dürfen.

Es kämen daher auf die *Rissoa parva* als Varietäten nahezu alle typischen Formen der ganzen Gattung und alle Arten der engeren Gattung *Rissoa* Frem. würden dann bis auf die einzige Collectivart *Rissoa parva* eingehen, deren Varietätenkreis dafür aber um so zusammengesetzter erscheinen würde. Statt einer Gattung mit einer mässig grossen Anzahl nahe verwandter, in mehrere Gruppen geordneten Arten hätte man als Endergebniss dann eine Gattung mit nur einer einzigen Art, aber mit einer verwirrend grossen Zahl von Varietäten und Abänderungen. Eine solche Methode würde ohne Zweifel die Übersicht und Wiedererkennung der einzelnen Formen sehr erschweren.

Allerdings hat sich auch mir auf dem Wege der eigenen Beobachtung, welche ich in der verhältnissmässig kleinen und begrenzten Familie der Rissoiden zu machen vermochte, die Überzeugung aufgedrängt, dass die verschiedenartigsten Formen aus den einzelnen Gattungen dieser Familie sich von nur wenigen Grundformen ableiten lassen. Aber alle oben angedeuteten Nachtheile der von Clark und anderen Conchyliologen eingehaltenen Einengungsmethode wohl erwägend, glaube ich dennoch dem Zwecke dieser Veröffentlichung am besten zu entsprechen, indem ich den bereits eingeschlagenen Weg auch fernerhin verfolge und jede einzelne wohlausgeprägte Art für sich, aber neben ihren Verwandten und mit Bezeichnung ihrer wahrscheinlichen Abstammung entweder von recenten oder geologisch älteren Typen aufrecht erhalte.

Die Art, als ein nicht mit absoluter Schärfe von seinen nächsten Verwandten abgetrennter Ausdruck der Vererbung organischer Charaktere, wie ich sie auffasse, stellt sich auch im Geiste der Abstammungslehre nicht als ein für sich allein und unabhängig entstandener Stamm, sondern als ein erst von einer gewissen Zeitstufe an von einem gemeinsamen Hauptstamme ausgegangener Zweig dar, der erst nachfolgend eine relative Selbstständigkeit und Abgegrenztheit erhalten hat.

Was die Varietäten der hiernach als Arten aufgefassten Formen betrifft, so sind dieselben nur von wenigen Arten so genau bekannt, dass eine besondere Abgrenzung derselben durch

Diagnose und Abbildung noch mit Bestimmtheit durchzuführen und zu weiteren wissenschaftlichen Zwecken zu verwerthen wäre.

Zwei Gattungen aus der Familie der Rissoiden, die Hydrobien und Amnicolen, welche den Übergang zur nächst verwandten Familie der Viviparriden oder Paludinen vermitteln, hat Herr von Frauenfeld mit in seine umfassenden Arbeiten aufgenommen, diese beiden schwierigen Gattungen sehen daher einer sorgfältigen und gediegenen Bearbeitung entgegen.

GENUS: RISSOA *FRÉMINVILLE.*

Gattungs-Synonyme:

Alvania Leach . . . . . (pars.)
Bulimus Lamk . . . . „
Cingula Thorpe . . . . „
Turbo Lin. Mühlf. . . . . . .
Helix Lin. . . . . „
Loxostoma Bivona . . . . . „
Pyramis Brown . . . . „
Sabanea Leach . . .
Zippora Leach . . . . „
Persephona Leach . . . . . . „

Char. Testa oblonga, imperforata, longitudinaliter costata; apertura ovata, integra, marginibus conjunctis, labro paullulum expanso, varice incrassato, intus laevi; columella interdum subplicata: lineis longitudinalibus rufo-brunneis vel maculis flammulatis ornata.
Operculum spiratum, corneum, nucleo laterali.
Animal postice unico cirrho praeditum.

Schale verlängert oder oval, in der Regel ungenabelt, längsgerippt: Mündung oval oder rundlich, ganzrandig, mit zusammenhängendem etwas erweitertem Mundsaum; Aussenlippe durch einen Wulst verdickt, innen glatt; Spindel bei einigen Arten unten etwas faltenartig abgebogen.

Die Oberfläche des Gehäuses erscheint bei den meisten Arten mit gelbbraunen Längslinien oder mit flammenartigen Flecken verziert, seltener mit farbigen Binden umgürtet.

Der Deckel ist sehr dünn, hornartig, spiral gebaut, mit seitenständigem Kern.

Thier mit nur einem einzigen fadenförmigen Schweifanhang (Schweif-Filament) versehen.

Die Rissoen des engeren Gattungsbegriffes sind Meeresbewohner, und zwar vorzugsweise Bewohner von Gewässern mit normalem Salzgehalt. In der heutigen Lebenswelt gehören sie ausschliesslich den gemässigten Klimaten der nördlichen Hemisphäre an. Im fossilen Zustande sind sie von den unteren Ablagerungen der Tertiärperiode an nachgewiesen. Zweifelhaft ist ihr Vorkommen in der Secundärperiode. Die wenigen Arten von Gastropoden aus Jura- und Kreidegebilden, welche bisher als Rissoen aufgeführt wurden, tragen vielmehr einen von der Gestalt der typischen Rissoen so entschieden abweichenden Charakter, dass sie jedenfalls anderen Gattungen zugewiesen werden müssen. Es ist nicht geradezu unmöglich, dass man bei künftiger genauerer Ausbeutung der Ablagerungen der Kreideepoche echte Rissoen auffinden wird, allein nach dem thatsächlichen Stande unserer heutigen Kenntnisse scheinen die echten und typischen Rissoen nicht vor die Eocänepoche zurück zu reichen. Die eocänen Arten erweisen sich also bis jetzt als die geologisch ältesten der Gattung, und es sind aus älteren Ablagerungen noch keine Formen bekannt geworden, von welchen man die Abstammung der eocänen und der übrigen tertiären Rissoen mit Wahrscheinlichkeit ableiten könnte.

Dass ihre eigentliche Heimath der südliche Theil der nördlichen gemässigten Zone ist, zeigt der Formenreichthum des Mittelmeeres, in welchem die meisten, grössten und entwickeltesten Arten vorkommen; je mehr sie sich nach Norden von dieser gemässigten Zone entfernen, um so ärmer wird die Gattung an Arten; sie verlieren zugleich die lebhaften Farben und werden dünner in der Schale; die Rissoen des britischen Meeres stehen in dieser Hinsicht denen des Mittelmeeres entschieden nach, und noch bemerkbarer wird der Unterschied weiter nördlich gegen den Polarkreis, wo die Gattung endlich gänzlich erlischt. Eine andere aber ähnliche Umgestaltung erleidet der Gesammtausdruck der Vertreter dieser Gattung, wenn man aus der Mittelmeergegend nach Süden rückt; mit der höheren Wärme des Meeres sieht man ihre Zahl bis auf wenige Arten sich rasch vermindern. Diese wenigen, obschon noch immer von starkem Gehäusebau und lebhafter Färbung, zeigen immer ein verkümmertes, oft auch verkrüppeltes Aussehen, sie besitzen nie jene Grösse und Üppigkeit, welche überhaupt Thiere zeigen, die in dem ihrer Organisation günstigen Klima leben. Aus den eigentlichen Tropenmeeren sind mir bis jetzt noch keine echten Rissoen bekannt geworden, und die Sandproben, welche die Novara-Expedition von den verschiedenen Küsten der Südsee-Inseln mitgebracht hat, ergaben bei meiner Untersuchung nicht eine Spur von einer echten Rissoa; es fanden sich in denselben nur drei Exemplare der Gattung *Alcania*, neben mehr als sechzig Exemplaren der Gattung *Rissoina*, welche letztere in jenen warmen Meeren einheimisch ist, dagegen aber in den Meeren der gemässigten Klimate nur vereinzelt und ausnahmsweise vorkommt.

Was die Art des bathymetrischen Vorkommens der Rissoen betrifft, so findet man sie in allen Tiefregionen des Meeres, von der Linie der niederen Ebbe an, bis zur Tiefe von 80 Faden; die meisten Arten aber sind in der Laminarien- und Corallinen-Region zu Hause. Pflanzenfresser gleich den übrigen Rissoiden, sind sie an tangreichen Stellen gewöhnlich am zahlreichsten und erreichen daher in der sublittoralen Zone ihr Maximum.

Die Thiere der Gattung *Rissoa* sind, gleich wie die der übrigen Gattungen der Familie, von getrenntem Geschlechte. In ihren Weichtheilen weichen sie von denen der Gattung *Rissoina* nicht wesentlich ab, nur sind sie im Verhältnisse zu den Gehäusen etwas grösser; ihrer lebhaften munteren Bewegung, wie ihrer Lebensweise und besonderen Eigenschaften wurde schon in der ersten Abhandlung Erwähnung gethan.

Kiemen.

Wie alle Halskiemener überhaupt sind auch die Thiere der Gattung *Rissoa* in einen Mantel eingehüllt, der aus einer um den Rücken des Körpers gebildeten, nach vorne geöffneten Hautfalte besteht. Dieser Mantel bildet vom Nacken her über die ganze vordere Körperhälfte einen weiten kapuzenartigen Umschlag, welcher nicht über den Rand des Gehäuses hervorragt und unter welchen der Kopf zurückgezogen werden kann. Vom Mantel geschützt liegen über den Nacken hin die kammförmigen Kiemen, welche aus 16—18 oben zugerundeten nach der Seite zusammengedrückten kammartig gestellten Fäden bestehen.

Der Kopf des Thieres ist flach, nach vorne zu schnautzenartig verlängert: zu beiden Seiten sitzen die glatten borstenförmigen an der Spitze abgerundeten Fühler. Sie sind ungefähr um die Hälfte länger als der Kopf mit der Schnautze und können durch fünf Muskeln in ihrem Innern bis auf die Hälfte ihrer Länge zusammengezogen werden.

Am Grunde und der äusseren Seite dieser Fühler sitzen auf etwas erhabenen Polstern die kleinen schwarzen Augen.

Der vorspringende Theil des Kopfes oder die Schnautze ist etwas niedergedrückt, breiter als hoch, vorn abgestutzt, zuweilen mit etwas zugerundeten Ecken und in der Mitte mit einer Einbuchtung, welche den Anfang der Mundspalte bildet. Der Obertheil des Kopfes zeigt oft in der Färbung und Zeichnung je nach den Arten einige Verschiedenheiten. Meistens ist er etwas dunkler gefärbt als die anderen Theile des Körpers; es ziehen sich auch immer vom Kopfe her einige lichtere oder dunklere Farbenstreifen dem Nacken entlang bis zu den Seiten der Kiemen.

Am unteren Theile des Kopfes vorne und in der Mitte der Schnautze befindet sich der aus einer einfachen Längsspalte bestehende Mund, an dessen beiden Seiten abgerundete Muskelanschwellungen die Stelle der Lippen vertreten. Innerhalb dieser Mundspalte liegen die beiden wagrecht angebrachten Kiefer und unmittelbar hinter ihnen beginnt die bandartige Zunge mit ihren Längsreihen von zahlreichen beweglichen Zähnchen. Beide Organe habe ich im ersten Theile bereits beschrieben und abgebildet: doch kann ich nicht umhin hier zu erwähnen, dass die Form der verschiedenen Zähnchen der Zunge noch keineswegs nach allen Einzelheiten genau bekannt ist. Bei der Schwierigkeit der Untersuchung dieser Organe, welche so durchsichtig wie Glas sind, und deren Form und Umrisse nur an dem Schatten den sie werfen, erkannt werden können, wäre es nicht unmöglich, dass man mit der Zeit unter veränderter Untersuchungsmethode einen noch zusammengesetzteren Bau, als er sich bisher herausstellte, wird wahrnehmen können.

So hat mich die Anwendung eines ausgezeichneten Mikroskopes, mit welchem man bei einer 500maligen linearen Vergrösserung die durchsichtigen Zähnchen der Rissoen noch licht genug sieht, und die Benützung einiger zufällig günstigen Lagen der untersuchten Objecte zur Überzeugung geführt, dass die Seitenzähne nicht sägezähnig gerandet sind, wie sie auf den ersten Anblick sich zeigen, sondern dass sie einen breiten Rücken haben, und dass ihre untere Seite der Länge nach flach ausgehöhlt ist. Die Sägezähnung vom umgeschlagenen Rande ist auch nicht kurz und wie bei einer Säge schief zugespitzt, sondern tief über den Rücken eingeschnitten und vorne gerundet. Der Bau der Mittelzähne endlich ist noch zusammengesetzter. Sie scheinen aus mehreren verschiedenartig gebildeten und eng mit einander verbundenen Platten zu bestehen, deren nähere Beobachtung indessen mit den Mitteln, auf die wir bis jetzt noch angewiesen sind, kaum auf eine befriedigende Weise gelingen dürfte.

Hinter den Kiefern und zwischen den Augen befindet sich der Schlundring, der aus zwei Paaren gleichweit entfernten Knoten besteht, welche durch kurze Verbindungsstränge zusammenhängen. Von den beiden oberen Hirnknoten sieht man deutlich die Nervenfäden ausgehen, welche zu den Augen und anderen Organen verlaufen.

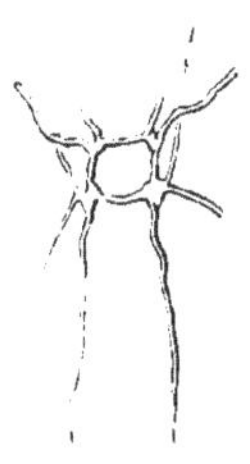
Schlundring.

Der Fuss des Thieres ist schmal, vorne abgestutzt und etwas gerundet, hinten verschmälert und in eine Spitze auslaufend, so dass seine Sohle einen länglich-dreieckigen Umriss zeigt. Der hintere obere Theil des Fusses trägt den Deckel, und zwar verlaufen von den Fühlern her, den Seiten des Fusses entlang, in mittlerer Höhe jederseits eine erhabene, zuweilen auch gefärbte Leiste: beide Leisten erweitern sich gegen hinten gewöhnlich in unregelmässiger Lappenform, vereinigen sich auf der hinteren Höhe des Fusses und tragen hier den Deckel, mit dem das Thier beim Rückzuge das Haus tief im Eingange vollständig zu verschliessen vermag. Unter dem Deckel und so zu sagen als Fortsetzung des deckeltragenden Muskellappens ragt rückwärts ein ziemlich langer und fadenförmiger Anhang (Schweiffilament) hervor.

Deckel.

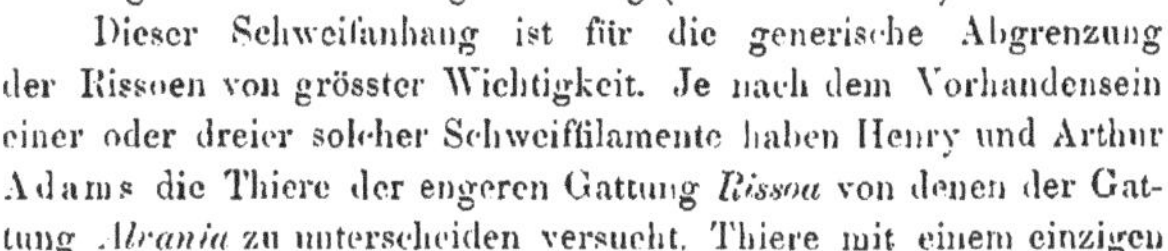

Dieser Schweifanhang ist für die generische Abgrenzung der Rissoen von grösster Wichtigkeit. Je nach dem Vorhandensein einer oder dreier solcher Schweiffilamente haben Henry und Arthur Adams die Thiere der engeren Gattung *Rissoa* von denen der Gattung *Alvania* zu unterscheiden versucht. Thiere mit einem einzigen Faden sind darnach Rissoen, solche mit drei Fäden Alvanien. Für eine Anzahl von Arten hat sich diese Unterscheidung durchführen lassen. Ob aber der Charakter des Vorhandenseins eines oder dreier solcher Schweiffilamente als vollkommen durchgreifender Gattungsunterschied aller Arten von *Rissoa* und von *Alvania* sich ausnahmslos bestätigen wird, ist bei der dermaligen Unbekanntschaft mit den Thieren vieler Alvanien nicht ausser Zweifel.

Für die Arten des enger begrenzten Genus *Rissoa* kann man übrigens als erwiesen annehmen, dass sie alle nur mit einem einzigen Schweiffilament versehen sind. Dies und die übereinstimmende Gestalt der meist längstgerippten Gehäuse charakterisiren dieselben daher als eine natürliche, wohlbegrenzte Gruppe.

Minder vollkommen ist zur Zeit noch unsere Kenntniss des Thieres der Alvanien, d. h. jener Rissoiden, bei denen die allgemeinen Charaktere des Gehäuses, namentlich die gitterförmigen Verzierungen der Oberfläche auf eine generische Zusammengehörigkeit deuten. Die Thiere dieser Gattung sind schwieriger aufzufinden und daher weniger der Untersuchung zugänglich, man konnte daher auch nur von wenigen Arten feststellen, dass sie wirklich drei vollkommen ausgebildete Schweiffilamente besitzen. Bei manchen Alvanien zeigt sich eine solche Veränderlichkeit in der Gestaltung des Deckel tragenden Lappens, dass die zeitweise oder zufällige Erweiterung und Verlängerung desselben nach hinten theils als wirkliche, theils wenigstens als rudimentäre Filamentbildung angesehen werden kann. Bis zu welchem Grade daher der Charakter, den H. und A. Adams zur Begründung ihres Genus *Alvania* zu Grunde legten, beständig ist, bleibt künftigen genaueren Nachforschungen an lebenden Thieren anheimgestellt.

Ich habe mich vorläufig der Adams'schen Eintheilung angeschlossen, und werde in der vorliegenden Arbeit nur die engbegrenzte Gruppe der Rissoiden mit einem Schweiffilamente und längsgeripptem Gehäuse, die eigentlichen Rissoen, behandeln. In dem nächsten Hefte, das die gitterförmig verzierten Gehäuse der Alvanien umfassen wird, gedenke ich meine Untersuchungen über den Werth des Genus *Alvania* niederzulegen.

Der Deckel der Rissoen sitzt rückwärts am oberen Theile des Fusses und ist mit demselben innig verwachsen. Er ist dünn, hornartig, durchscheinend, mit feinem häutigem Rande umgeben und gegen die Mitte zu etwas rothbraun gefärbt. Seine Form ist je nach den Arten oval bis rundlich. Von aussen her ist er etwas eingedrückt und der ganz schmale häutige Rand schwach nach aussen gestülpt. Auf der äusseren Fläche bemerkt man in der unteren Hälfte an jener Seite, die bei geschlossenem Gehäuse an der Spindel anliegt, einen deutlich spiral gebauten Ausgangs- oder Kernpunkt *(nucleus)*, der eine zweimal eingerollte Schneckenlinie bildet. Es ist wahrscheinlich, dass seine Ausbildung jener Stufe in der Entwickelungsgeschichte des Thieres angehört, in der die ersten Umgänge (die sogenannten Embryonalwindungen) des Gehäuses allein vorhanden sind.

Von der äusseren Umgrenzung dieses spiralen Nucleus aus laufen die feinen, dicht gedrängten, wenig sichelförmig eingewundenen Anwachsstreifen bis an den Rand des Deckels, in dessen häutigem durchsichtigem Theile sie sich verlieren, so dass es nicht mehr möglich wird ihre weitere Richtung zu verfolgen.

Nach dem Wachsthume des Gehäuses jedoch zu urtheilen, dessen Mündung im ganzen Umfange sich vergrössert, ist es nicht unwahrscheinlich, dass die Anwachsstreifen des Deckels längs des aufgestülpten Randes desselben wieder bis zum Nucleus zurückliefen und auf diese Weise eigentlich zusammenhängende Ringe bilden würden, welche wie die Mündung der Schale, sich auf der Aussenseite bedeutend stärker ausbilden und vergrössern würden, und dadurch eine so grosse Excentricität erlangten, dass die Anwachsstreifen auf jener Seite, wo sie die Fläche des Deckels bedeckten, nur scheinbar Spirallinien darstellen.

Die Arten der Gattung *Rissoa* lassen sich nach den besonderen, je einer gewissen Anzahl von Formen gemeinsamen Merkmalen des Gehäuses in drei leicht zu charakterisirende Gruppen ordnen.

Erste Gruppe. Arten, deren Spindel unten etwas faltenartig abgebogen ist. Aussenlippe mit drei gelbbraunen Flecken. Windungen mit farbigen Längsstreifen oder Flammen.

Rissoa auriscalpium Linné.	*Rissoa membranacea* Adams.
„ *elata* Philippi.	*octona* Nilsson.
oblonga Desmarest.	„ *cornea* Lovèn.
„ *grossa* Michaud.	„ *albella* Lovèn.
venusta Philippi.	„ *Sarsi* Lovèn.
„ *monodonta* Bivona.	

Zweite Grupe. Arten, deren Aussenlippe zwei farbige halbmondförmige Flecken oder nur einen dunklen Fleck zeigen. Die Windungen mit farbigen durchlaufenden oder unterbrochenen Querbinden: seltener geflammt.

Rissoa parva Da Costa.	*Rissoa Lachesis* Basterot.
dolium Nyst.	„ *exigua* Eichwald.

Rissoa marginata Michaud.	*Rissoa Ehrenbergi* Philippi.
„ *interrupta* Adams.	„ *pulchella* Philippi.
„ *variegata* Adams.	„ *plicatula* Risso.
„ *nana* Lamarck.	„ *simplex* Philippi.
„ *misera* Deshayes.	„ *radiata* Philippi.
„ *inconspicua* Alder.	„ *lineolata* Philippi.

Dritte Gruppe: Arten, deren Schalenoberfläche oder deren Spiralstreifen vertieft punktirt sind.

a) verlängerte Formen.

Rissoa similis Scacchi.	*Rissoa costulata* Alder.
„ *antiqua* Bonelli.	„ *decorata* Philippi.
„ *Sulzeriana* Risso.	„ *Guerini* Récluz.
Clotho Hörnes.	„ *variabilis* Mühlfeld.

b) verkürzte Formen. Aussenlippe auch an der Innenseite verdickt.

Rissoa turbinata Lamarck.	*Rissoa lilacina* Récluz.
„ *turricula* Eichwald.	„ *rufilabrum* Leach.
„ *ventricosa* Desmarest.	„ *violacea* Desmarest.
„ *splendida* Eichwald.	„ *porifera* Lovèn.

Wenn man die prägnantesten Formen der recenten Arten aus jenen drei Abtheilungen herausnimmt, sie in derselben Reihenfolge, in welcher sie bei der oben durchgeführten Gruppirung auftreten, zusammenstellt, und dann die denselben zunächst verwandten Arten auf solche Weise vertheilt, dass sie als verbindende Glieder die besondere Richtung ihrer Verwandtschaft mit den Arten der nächsten Gruppen anzeigen, so erhält man einen graphischen Überblick der mannigfach verzweigten Verwandtschaften, welche die *Rissoa*-Arten unter einander zeigen.

Graphische Darstellung der Verwandtschaften der recenten Rissoen.

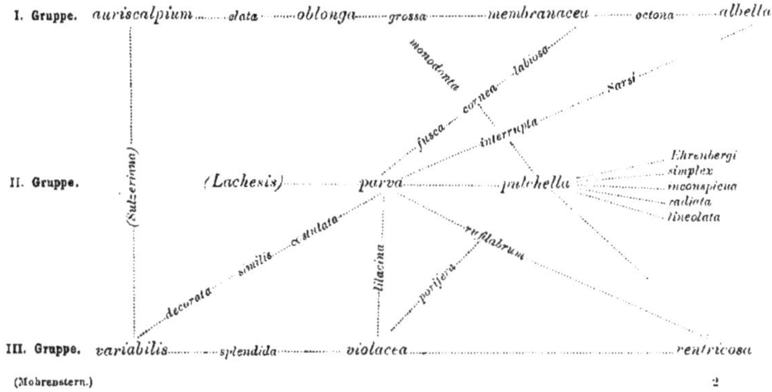

Dieses Netzwerk von Verwandtschaften unter den einzelnen Arten und Artengruppen der Gattung kommt den von Clark, Forbes und Hanley vorgenommenen Versuchen, die nächst verwandten Arten als blosse Varietäten einer gemeinsamen Grundform zu deuten, sehr nahe. Es wird aus der gegebenen Zeichnung zunächst ersichtlich, dass wirklich alle Arten aus allen drei Gruppen eine unverkennbare Annäherung zur *Rissoa parva* da Costa entweder unmittelbar oder doch wenigstens unter Vermittlung anderer Arten zeigen. Es wird nun dadurch wahrscheinlich, dass sich alle diese recenten Arten entweder von der *Rissoa parva* selbst oder von einer den älteren Epochen angehörigen Stammart als Glieder eines mannigfach verzweigten Stammes herleiten, aber es folgt daraus noch nicht, dass man sie desshalb auch, wie die Herren Clark, Forbes und Hanley versucht haben, nur als Varietäten der *Rissoa parva* ansehen müsse; vielmehr glaube ich, dass, wenn wir überhaupt eine Stammform aufsuchen wollen, wir mehr berechtigt sind, sie unter den Arten älterer Epochen zu vermuthen. In der That reicht *Rissoa parva* aus der heutigen Lebenswelt nur bis in die jüngsten Bildungen zurück, sie hat aber mit Entschiedenheit ihre nahe verwandten Vorläufer in den Ablagerungen der zunächst vorausgegangenen neogenen Epoche und zwar höchst wahrscheinlich in der *Rissoa Lachesis*, die sich ihrerseits wieder auf eine noch ältere Form, vielleicht auf die *Rissoa nana* zurückleiten lässt.

Die geographische Verbreitung der engeren Gattung Rissoa reicht heute von der Küste von Norwegen bis zu den canarischen Inseln und den Azoren. Weiter nach Süden sind bis jetzt noch keine Arten derselben bekannt geworden. Ihr Hauptverbreitungsbezirk ist das Mittelmeer.

Von den 43 oben aufgezählten Arten, welche nach meiner Ansicht diese Gattung zusammensetzen, sind 34 recent. Von diesen kommen nicht weniger als 27 Arten im Mittelmeere vor, 18 Arten sind sogar ausschliesslich auf dasselbe beschränkt, und also mit grosser Wahrscheinlichkeit als Eingeborne desselben zu bezeichnen. An den Azoren und den canarischen Inseln und an der Westküste von Frankreich kommen zusammen nur 11 Arten vor; alle bis auf eine einzige wiederholen sich im Mittelmeer. An den Küsten von Grossbritannien kommen nur 10 Arten vor; alle bis auf 2 Arten sind zugleich noch Bewohner des Mittelmeeres. Das Kattegat beherbergt 6 Arten, von denen nur 2 im Mittelmeere fehlen, und von der norwegischen Küste kennt man ebenfalls 6 Arten, von denen gleicherweise nur 2 im Mittelmeere nicht gefunden werden.

Im Ganzen werden also von den 37 hier unterschiedenen lebenden Arten nur 7 ausschliesslich an den atlantischen Küsten und nicht im Mittelmeere angetroffen. Von diesen 7 Arten lassen sich zudem 4 noch durch vermittelnde Formen, wenn man will durch Übergangsarten, längs der Westküste von Frankreich und Spanien bis in das Mittelmeer verfolgen; ein Umstand, der das Gewicht des Ergebnisses, dass fast alle lebenden Arten im Mittelmeere ihre gemeinsame Ursprungsstätte haben, noch weiter vermehrt.

Auch jenseits des atlantischen Oceans treten die Rissoen nur in geringer Anzahl auf, und von den aus dem Mittelmeere nach den Azoren verbreiteten, reicht nicht eine Art bis nach Amerika, nur von jenen Arten, welche an den englischen Küsten vorkommen, finden sich Vertreter an den Küsten der vereinigten Staaten wieder.

Wenn wir daher aussprechen, dass die Rissoen der gemässigten Zone der nördlichen Halbkugel überhaupt angehören und in dieser auch wohl ursprünglich entstanden sind, so wie, dass im besonderen das Mittelmeer als ihre eigentliche Heimath und als die wahrscheinliche Ursprungsstätte aller Arten erscheint, so können wir auf Grund der an den westatlantischen Küsten zu beobachtenden Verhältnisse noch die weitere These aufstellen, dass die Rissoen an den atlantischen Küsten von Amerika keine Eingebornen sind, und dass sie erst aus dem nordeuropäischen Gebiete dahin gelangten.

Wenn wir über die Art ihrer Verbreitung in so entfernte Gebiete und die Zeit dieser Auswanderung auch nichts näher wissen, so stellt sich doch die Möglichkeit in der wahrscheinlich einst stattgehabten näheren Verbindung Europas und Nordamerikas dar.

Von den 37 noch jetzt lebenden Rissoen finden sich 13 Arten zugleich subfossil, das heisst eingeschlossen in den jüngsten Ablagerungen der Meeresküsten (wie auf Sicilien, Cypern, Rhodus u. s. w.); fossil in den Tertiärablagerungen erscheinen nur 12, höchstens 13 Arten. Von diesen gehören 3, nämlich *Rissoa nana*, *R. misera* und *R. turbinata*, den ältesten Schichten an, in denen überhaupt Rissoen nachgewiesen sind. Es liegt daher sehr nahe anzunehmen, dass diese Arten die Stammältern aller späteren tertiären und aller lebenden Arten der Gattung seien. In der That lassen sich auch von disen Formen sämmtliche fossile und lebende Arten durch eine mehrfach verzweigte Reihenfolge wie von Stammältern ableiten.

Ich habe versucht auf Tafel IV eine solche gleichzeitig auf geologische Aufeinanderfolge und auf zoologische Verwandtschaft der Arten gegründete Übersichtstabelle zusammenzustellen, die man als vorläufigen Entwurf einer Stammtafel der Gattung betrachten kann.

Man bemerkt in dieser Tabelle drei Hauptstämme, den der *Rissoa auriscalpium*, den der *Rissoa Lachesis (nana?)* und den der *Rissoa turbinata*, von denen jedoch der erste dem zweiten sich vielleicht künftig wird unterordnen lassen. Bei der Beschreibung der Arten habe ich *Rissoa auriscalpium* mit ihren nächsten Verwandten als erste Gruppe vorangestellt, theils weil sie die bezeichnendsten Formen der ganzen Gattung begreifen, theils auch weil sie den Hauptkern jener Formen enthalten, die Fréminville und Desmarest als Rissoen beschrieben haben. Diese Anordnung habe ich auch in der Übersichtstabelle beibehalten, weniger in der Absicht *Rissoa auriscalpium* als Stammform einer besonderen Gruppe darzustellen, als vielmehr um in der die untere Reihe der Tafel einnehmenden zoologischen Reihenfolge den heute noch lebenden Arten den Ausdruck der zoologischen Verwandtschaft nicht zu stören. Will man diesen letzteren Vortheil der Tabelle preis geben, so bedürfte es blos einer Veränderung in der Stellung der ersten Gruppe, um das wirklich überraschende Ergebniss zu erzielen, dass die Abstammung aller lebend vorkommenden Arten auf jene zwei Arten *Rissoa Lachesis* (oder vielleicht *nana)* und *turbinata* sich zurückführen lasse, die thatsächlich auch am häufigsten fossil auftreten. Hierdurch würde die Tafel an Übersichtlichkeit für den Zoologen einbüssen, für den Paläontologen aber eher gewinnen. Gerechtfertigt würde eine solche Umänderung der Stammtafel und Unterordnung des ersten unter den zweiten Stamm durch den Umstand, dass die erste Gruppe (*Rissoa auriscalpium* etc.) sich von einer der verlängerten Varietäten der zur zweiten Gruppe gehörigen *Rissoa Sulzeriana* ableiten lässt. Die vereinigte erste und zweite Gruppe hätte dann ihren frühesten gemeinsamen Ausgangspunkt in der eocänen *Rissoa nana* und der miocänen *Rissoa Lachesis*. Da letztere aber der fossile Vertreter der lebenden *Rissoa parva* ist, die Clark in den Vordergrund stellte, so würde dies eine grosse Übereinstimmung mit den von Clark, Forbes und Hanley versuchten Deutungen und mit der auf Tabelle I gegebenen Verwandtschaftsübersicht der recenten Formen ergeben.

Was den dritten genealogischen Stamm, den der *Rissoa turbinata* Lamarck betrifft, so steht derselbe weit mehr vereinzelt. Die lebenden Arten der dritten Gruppe, welche als besondern Charakter eine Verdickung an der Innenseite der Aussenlippe zeigen, lassen sich nur auf die oligocäne *Rissoa turbinata* mit einiger Wahrscheinlichkeit zurückführen. Allerdings ist nicht zu läugnen, dass einzelne Arten derselben, wie zum Beispiel *Rissoa violacea* und *Rissoa lilacina*, auch auffallende Verwandtschaftsbeziehungen zur *Rissoa parva* bieten, die in Taf. I ihre graphische Andeutung fanden. Sie lassen darauf schliessen, dass auch zwischen der zweiten und der dritten Gruppe ein genealogischer Zusammenhang künftig noch wird dargelegt werden können. Zur Zeit aber liegen aus den Tertiärablagerungen des europäischen Gebietes erst so wenig Rissoen vor, dass sich darüber noch nichts Genaueres ermitteln lässt.

Ob bei dem Vorgange der Abstammung und Umänderung nicht noch andere Factoren mitwirkten, ist für jetzt nicht zu entscheiden. Die verwickelten und für uns zur Zeit noch unerklärlichen Ähnlichkeiten bei manchen sonst weit aus einanderstehenden Gliedern der Gattung, könnte z. B. vermuthen lassen, dass auch Kreuzungen unter verschiedenen Arten vorkamen und dadurch Mittelformen (hybride Arten), die von zwei verschiedenen Seiten aus besondere Charaktere ererbten, hervorgerufen wurden.

Über die geschichtliche Entwickelung unserer Kenntniss der Rissoen und deren Literatur wurde in der ersten Abtheilung dieser Schrift im Jahre 1860 das Wichtigste bereits angeführt, und ich kann mich daher darauf beschränken, das wenige, was seither hinzukam, bei den betreffenden Arten nachzutragen.

Ich sehe mich genöthigt eine kleine Anzahl fossiler Formen, welche sich im Gehäuse mehr oder weniger den eigentlichen Rissoen nähern, vorläufig dieser Gattung als Anhang anzureihen, sie dürften wenn es nicht gelingen sollte, mit der Zeit in ihnen degenerirte Arten echter Rissoen nachzuweisen, eine besondere Gruppe bilden, welche sich durch ihre dünne und zerbrechliche Schale, die geschweifte unten vorgezogene schneidende Aussenlippe und den Mangel eines Wulstes auf derselben, besonders aber durch ihr ausschliessliches Vorkommen in brakischen Ablagerungen charakterisiren. Es sind dies:

Rissoa inflata Andrzejowski,
„ *angulata* Eichwald,
„ *Zitteli* Schwartz,
„ *dimidiata* Eichwald.

Beschreibung der Arten.

1. *Rissoa auriscalpium* Linné.

Taf. I, Fig. 1.

1757. *Turbo auriscalpium* L. Syst. nat. Ed. XII. p. 1240.
1790. „ „ Gmelin p. 3611.
1811. „ *marginatus* Laskey Mem. of Wer. Soc. I. p. 406.
1814. *Rissoa acuta* Desmar. Bull. Phil. VIII. T. I. F. 4.
1814. „ *acicula* „ „ „ „ „ „ F. 3.
1815. *Zippora Drummondi* Leach Synop. Moll. (Manuscr.)
1822. *Rissoa acuta* Desh. in Lamk. II. N. p. 470.
1823. „ *acicula* Delle Chiaje. Bd. III. p. 224. T. 86. F. 3, 6.
1824. „ *acicula* Sowb. Gen. of Shells.
1826. „ *acuta* Payr. Cat. Moll. Corse. p. 111.
1826. „ *acicula* Risso mer. p. 120.
1826. „ *acuta* „ „ p. 120.
1826. „ *pulchella* „ „ p. 121.
1827. „ *acuta* Tremino. Dix. S. N. Vol. 45. p. 487.
1828. *Turbo marginatus* Wood. Index Test. pl. 31. F. 105.
1831. *Rissoa marginata* Bronn It. tert. Geb. 75.
1832. „ *acuta* Desh. Morée p. 151.
1832. *acuta* Desh. Encyclop. Meth. B. III. p. 888.
1836. „ *acuta* Phil. Enum. moll. Sic. p. 151.
1838. „ *acuta* Potiez et Mich. Gall. de Don. I. p. 266.
1842. „ *acicula* Reeve Conch. Sist. pl. 208. F. 4.
1844. „ *auriscalpium* Phil. En. Sic. 125. T. 23. F. 2.
1847. „ *acuta* Sismonda Syn. meth. p. 23.
1850. „ *acuta* d'Orb. Prod. Et. 27. no. 42.
1852. *Zippora Drummondi* Leach Synop. Moll. Gr. Br. p. 169.
1853. *Rissoa auriscalpium* Forb. et Han. Br. Moll. III. p. 148.
1858. *Zippora auriscalpium* H. a. A. Adams. Gen. of Shell. p. 330.
1858. „ *acicula* „ „ „ „ p. 330.
1858. „ *Drummondi* „ „ „ „ p. 330.

non Turbo marginatus Montague.

R. *Testa subulato-elongata, lucida, hyalina, apice acutissima; anfractibus 10 convexiusculis vel subplanis, laevigatis vel obsolete longitudinaliter late-costatis; ultimo anfractu costis evanescentibus, ad basim tribus vel quatuor striis spiralibus subtilissime punctatis ornato: apertura semiovata, superne subangulata, inferne expansa; labro valde dilatato, extus varice incrassato; calore albo, vel flavescente, lineis fuscis longitudinalibus; ad labrum incrassatum maculis tribus fulvis.*

Schale verlängert pfriemenförmig, glänzend halbdurchscheinend, mit scharf zugespitztem Gewinde, das aus 10 schwach gewölbten oder auch fast flachen längsgefalteten Umgängen besteht. Längsfalten, ungefähr 7—8 in den unteren Windungen, stumpf, breit und wenig hervortretend, an manchen Exemplaren auch ganz fehlend. An der Basis der letzten Windung verflächen sich die Längsfalten, dagegen zeigen sich 4 fein punktirte Spiralstreifen. Die Mündung ist halboval, erweitert, mit trompetenartig ausgebreitetem Mundsaum; äussere Lippe durch einen Wulst verdickt.

Frische Exemplare sind licht hornfarbig mit wenig zahlreichen dunkleren Längslinien und 3 gelbbraunen Flecken hinter der Mundwulst; im gebleichten Zustande milchweiss mit röthlicher oder licht violetter Spitze.

Die durchschnittliche Länge beträgt 0·28 W. Z. oder 7·6 Millim. Die Breite 0·06 W. Z. oder 1·75 Millim.

Fundorte: Marseille, Nizza, Neapel, Sicilien, Rhodus und im adriatischen Meere. Im Allgemeinen im ganzen Mittelmeere ziemlich häufig. Nach Deshayes sehr selten auch im atlantischen Ocean.

Subfossil in Neapel, Sicilien, Rhodus, Nizza.

Tertiär: Castel Arquato (Bronn).

Von dieser Art lassen sich 3 Abänderungen unterscheiden.

1. Jene feinen dünnschaligen, durchscheinenden und licht hornfarbenen Exemplare, deren Windungen glatt und gewölbt sind, und welche von Risso mit dem Namen *Rissoa acicula* bezeichnet wurden.

2. Jene, an welchen die oben angeführten querpunktirten Spiralstreifen am ausgesprochensten zu bemerken sind, und welche aller Wahrscheinlichkeit nach die von Risso aufgestellte *Rissoa pulchella* sein dürften.

3. Jene Exemplare, die nach Philippi mit wenigen und stumpfen Querstreifen versehen sind. Es sind dies die grösseren Formen mit geraden Aussenlinien, die sich häufig auch im subfossilen Zustande finden und welche den Übergang in die zunächst stehende Art *R. elata* bilden.

Dieser allmähliche aber unzweifelhafte Übergang von einzelnen Exemplaren dieser Art in die nächstfolgende und von dieser wieder in die nächstverwandte Art, haben mich veranlasst, die *Rissoa auriscalpium*, ungeachtet ihre Gestalt von allen anderen Rissoen vollkommen abweicht, dennoch der Gattung *Rissoa* zuzuzählen, und nicht nach dem Beispiele von Leach und Adams für sie eine eigene Gattung anzunehmen. Es beweisen nicht nur einige Varietäten durch ihre Annäherung in der äusseren Form zur *Rissoa elata* ihre Abstammung von den eigentlichen Rissoen, sondern auch alle besonderen Merkmale, welche den 7 ersten Arten aus dieser Gattung gemeinschaftlich angehören, wie die farbige Längsstreifung, und besonders die 3 dunklen Flecken an der äusseren Lippe charakterisiren diese Schnecke als eine echte *Rissoa*.

Das Thier unterscheidet sich von den zunächst stehenden Arten nicht im mindesten.

2. *Rissoa elata* Philippi.

Taf. I, Fig. 2.

1844. *Rissoa elata* Phil. Enum. Moll. Sic. p. 124. T. 23. F. 3.
1849. „ „ Middendorf Mém. Acad. Imp. de Pétersbourg. p. 370.

R. testa turrito-elongata, acutissima, nitida, longitudinaliter plicato-costata; anfractibus decem, inaequalibus, 6—7 superioribus laevigatis, planis, apicem subulatam formantibus, inferioribus multo majoribus convexis, lateplicatis, in ultimo plicis abbreviatis; apertura elongato-ovata; labro producto varice incrassato, labio valde reflexo, inferne libero, fissuram formante; colore albo, inter costas fulvo flammulata et ad labrum maculis tribus fulvis.

Die thurmförmige verlängerte Schale ist glänzend, und das Gewinde besteht aus 10 Umgängen, von denen die 6 bis 7 obersten pfriemenförmig zugespitzt, schwach gewölbt oder auch flach sind, und kaum eine Andeutung von Längsfalten zeigen, während die drei letzten sehr rasch an Grösse zunehmen, mit breiten, flachen, wenig zahlreichen Längsfalten bedeckt und mässig gewölbt sind. Diese Wölbung ist an der unteren Hälfte jeder Windung am stärksten. Am letzten Umgange sind die Längsfalten immer abgekürzt oder verschwinden zuweilen auch ganz. Die Mündung ist verlängert oval, aber verengt, unten zugerundet und erweitert; die Aussenlippe etwas ausgeschlagen und durch einen Wulst verdickt. Die Innenlippe dagegen ist stark umgeschlagen, geschweift, unten freistehend und eine Nabelspalte bildend. Die Farbe der Schale ist weiss oder schmutzig gelb, zwischen den Rippen am oberen Theil der Windungen gelbroth geflammt, und hinter der Mundwulst mit drei braunrothen Flecken gezeichnet; gewöhnlich sind auch die oberen glatten Windungen an ihrem oberen Theil rosenfarben oder blass violet gefärbt.

Die durchschnittliche Länge beträgt 0·3 W. Z. oder 8 Millim.

" " Breite " 0·1 " " " 2·8 "

Fundorte: Im Mittelmeer (Neapel, Tarent, Rhodus); im schwarzen Meer an der Südküste der Krim.

Subfossil: Rhodus, Sicilien.

Diese Art bildet den eigentlichen Übergang von der *Rissoa auriscalpium* in die *Rissoa oblonga*, welche beide in ihrer Gestalt so verschieden sind, dass es kaum glaublich erscheint, dass durch eine einzige vermittelnde Zwischenform der Beweis für die nahe Verwandtschaft beider so überzeugend gelingen kann. Doch sind die bezeichneten Merkmale der beiden nebenstehenden Arten, nämlich eine Andeutung zur Längszeichnung und die drei dunklen Flecken an der äusseren Lippe so deutlich an ihr zu beobachten, dass es keinem Zweifel unterliegt, dass sie ein nothwendiges Glied aus dieser Gruppe bildet. Die Annäherung, welche einige verlängerte Exemplare dieser Art durch ihre trompetenartige Erweiterung der Mündung zur *Rissoa auriscalpium* einerseits, und der verkürzten mehr gerippten Exemplare zur *Rissoa oblonga* zeigen, weisen ihr diese Stellung zwischen beiden an.

Die Spiralstreifung, welche Philippi in seiner Beschreibung erwähnt, bezieht sich eben so wie bei der *Rissoa auriscalpium* nur auf die aussergewöhnlich grossen und subfossilen Exemplare, und auch diese zeigen keine eigentliche Querstreifung, sondern nur einzelne kaum erhabene ungleich vertheilte fadenartige Linien.

3. *Rissoa oblonga* Desmarest.

Taf. I, Fig. 3.

1814. *Rissoa oblonga* Desm. Bull. Phil. p. 7. T. 1. F. 3.
1826. " " Payr. Cat. d. Corse. p. 110.
1827. " " Defr. Dict. Sc. Nat. Bd. 45. p. 478.
1832. " " Desh. Morée Zool. p. 151.
1836. " " Phil. Enum. Sic. I. p. 150 und 155.
1838. " " Desh. in Lamk. Hist. Nat. p. 470.
1844. " " Phil. En. Sic II. p. 124.
1848. " " Bronn Index. p. 1093.

R. testa oblonga, turrita, nitida, hyalina, apice acuta, anfractibus 7—8 convexiusculis, longitudinaliter late plicatis; plicis duodecim in anfractu obtusis, in ultimo abbreviatis; sutura mediocriter impressa, subundulata; apertura obliqua, semilunata, angulo superiori et basali contracta; labro varice incrassato; columella subplicata; colore lacteo, inter costas fulvo substriato vel flammulata, ad labrum incrassatum maculis tribus.

Schale ziemlich stark, glänzend, halbdurchscheinend, verlängert mit kegelförmig zugespitztem Gewinde, das aus 7—8 mässig gewölbten Umgängen besteht, welche mit etwa

10—12 flachen stumpfen Längsfalten versehen sind. Die beiden oberen Embryonalwindungen sind glatt und am letzten Umgang sind die Längsfalten verkürzt. Die Nath ist durch die Falten etwas wellenförmig gebogen. Die Mündung ist schief, halbmondförmig in beiden Winkeln sich verengend; Aussenlippe mit einem Wulste verdickt; die Spindel unten etwas faltenartig abgebogen. Die Farbe der Schale ist weiss, zwischen den Längsfalten befinden sich gelbrothe Längslinien oder Flammen und hinter der äusseren Lippe 3farbige Flecken.

Die Länge beträgt 0·205 W. Z. oder 5·6 Millim.

„ Breite „ 0·09 „ „ „ 2·4 „

Fundorte: Marseille, Corsica, Sicilien, Lesina, Ajaccio. Subfossil in Rhodus, Pisa, Catania, Marseille.

4. *Rissoa grossa* Michaud.

Taf. I, Fig. 4.

1832. *Rissoa grossa* Mich. Descr. de plus. espèce de coquilles.
1838. „ „ Desh. in Lamk. Hist. Nat. p. 472.

R. testa crassa, oblonga, turrita, ventricosa, plicata; anfractibus 6—7 subconvexis superne interdum subgradatis; superioribus 5 laevigatis, inferioribus cylindrice inflatis, plicis distantibus, obtusissimis, in ultimo anfractu abbreviatis ornatis. Apertura semiovata, angulo superiori acuminato, paullo dilatato; columella subplicata; colore luteo-albo in anfractu ultimo striis subtilissimis longitudinalibus rufo-fulvis et maculis tribus ad labrum.

Schale dick, eiförmig verlängert, bauchig, mit 6—7 schwach gewölbten Umgängen, von denen die 4 oberen meist glatt, die 2 oder 3 unteren walzenförmig aufgetrieben, zuweilen schwach treppenartig abgesetzt sind; auf diesen befinden sich etwa 10—12 entfernt stehende flache und breite Längsfalten, die auf der unteren Hälfte des letzten Umganges verschwinden. Die Mündung ist etwas schief, verlängert oval, im oberen Winkel zugespitzt, unten erweitert; die Aussenlippe ist in der Mitte etwas vorgezogen und durch einen schwachen Wulst verdickt. Spindel unten eine faltenartige Abbiegung zeigend.

Die Farbe der Schale ist gelblichweiss mit einer feinen zarten Längsstreifung, die jedoch meist nur am letzten Umgange sichtbar ist. Die charakteristischen Flecken am äusseren Mundsaum sind auch bei dieser Species sehr deutlich ausgesprochen.

Die Länge beträgt 0·3 W. Z. oder 8 Millim.

„ Breite „ 0·149 „ „ „ 4 „

Fundorte: Toulon, Marseille, Cette und im adriatischen Meere bei Triest und Zara.

Diese ziemlich seltene Art ist wie die 3 vorhergehenden für das Mittelmeer charakteristisch und leicht an ihrer aufgeblasenen walzenartigen letzten Windung zu erkennen.

5. *Rissoa venusta* Philippi.

Taf. I, Fig. 5.

1844. *R. venusta* Phil. Enum. Moll. Sic. p. 121. Taf. 23. Fig. 4.

R. testa crassa ovata, conica, apice, acuta; anfractibus 6—7 convexiusculis vel subplanis, superioribus tribus laevigatis, reliquis costatis, costis longitudinalibus 14—16 elevatis; anfractu ultimo magno in medio subangulato plicis abbreviatis; sutura undulata; apertura paullo obliqua, ovata, superne contracta; labro subreflexo; varice incrassato; columella subplicata; colore fuscescente, lineis longitudinalibus subtilissimis numerosis fuscis, nonnunquam flexuosis ornata, costis lacteis, ante varicem albidam maculis tribus.

Die Schale ist sehr stark, oval mit kegelförmigem Gewinde, das aus 6—7 wenig gewölbten Umgängen besteht, wovon die 3 obersten glatt sind, die übrigen rasch an Grösse zunehmen und etwa 14—16 erhabene sehr ausgesprochene Längsrippen tragen. Die Wölbung am letzten sehr vergrösserten Umfange ist in seiner Mitte fast eckig hervortretend und bildet dort die breiteste Stelle der ganzen Schale; unterhalb dieser Erweiterung verschwinden die Längsrippen vollständig. Die Nath ist durch die erhabenen Rippen etwas wellenförmig gebogen. Die schiefstehende Mündung ist oval, oben verengt, unten zugerundet, die Aussenlippe etwas ausgeschlagen und durch einen Wulst verdickt. Die Spindel ist faltenartig abgebogen.

Farbe gelblich, mit äusserst feinen zahlreichen braunen, wellenförmigen Längslinien, von welchen immer 2 oder 3 zwischen den Längsrippen durchlaufen.

Durchschnittl. Länge 0·26 W. Z. oder 7·1 Millim.
„ Breite 0·12 „ „ oder 3·3 „

Fundorte: Adriatisches Meer, schwarzes Meer, Mittelmeer (Marseille, Martigues). Nach Forbes und Hanley an den englischen und schottischen Küsten.

Von der vorhergehenden Art unterscheidet sich die *R. venusta* durch die etwas kantige letzte Windung, die bei der anderen walzenförmig gerundet ist.

Middendorf hat in den Mém. de l'Acad. de Pétersbourg 1849, p. 371. Exemplare derselben aus dem schwarzen Meere als *Rissoa oblonga* beschrieben, mit der sie allerdings viel Verwandtschaft besitzt. Wir haben demnach in der *Rissoa auriscalpium*, der *Rissoa elata, oblonga, grossa* und *venusta* fünf in ihrer äusseren Gestalt vollkommen verschiedene Formen beschrieben, welche zusammen einer Gruppe angehören, im gleichen Verbreitungsbezirke vorkommen und eine gemeinschaftliche Abstammung vermuthen lassen.

Die Thiere dieser sämmtlichen Arten zeigen grosse Übereinstimmung. Die Seitenränder des Kopfes sind mit einer dunkleren Leiste eingefasst, welche in den beiden vorderen Ecken der Schnauze beginnt, unter den Augen durchläuft, und längs des Körpers zu beiden Seiten bis unter den Deckel reicht; am oberen Theil des Kopfes zwischen den Augen sind ebenfalls 2 verlängerte schwärzliche Flecken, welche sich längs des Rückens bis unter den Mantel streifenartig fortziehen.

In den englischen und scandinavischen Gewässern findet sich eine ganz ähnliche Gruppe, wie die eben beschriebene, die sich durch die nächstfolgenden Arten unmittelbar an diese anschliesst. Die Arten derselben weichen zwar in ihrem äussern Habitus etwas ab, allein die bezeichnenden Merkmale der ersten Abtheilung sind noch sehr deutlich an ihnen zu erkennen, so dass sie wahrscheinlich nur als die nördlichen Repräsentanten der gleichen Gruppe zu betrachten sind.

6. *Rissoa monodonta* Bivona.

Taf. I, Fig. 6.

1832. *Loxostoma monodonta* Biv. (fide Philippi).
1836. *Rissoa monodonta* Phil. En. Sic. p. 151. T. 10. F. 9.
1838. „ „ Desh. in Lamk. Hist. Nat. p. 174.
1842. „ *subcarinata* Cantr. Bull. de Brux. Bd. 9. p. 310.
1844. „ *monodonta* Phil. En. Sic. p. 125. T. 23. F. 1.

R. Testa crassa, ovato-oblonga, laevissima, nitida hyalina, spira conica, acuta; anfractibus 6. primis planis, ultimo satis inflato, interdum subangulato, apertura magna, ovata, spirae altitudinem aequante, dilatata; labro varice incrassato infra expanso; columella unidentata; colore lacteo, lineis fulvis flexuosis longitudinalibus, distantibus, ad varicem limbo colorato, apice et columella nonnunquam violacea.

Schale stark, eiförmig verlängert, sehr glatt und durchscheinend, mit zugespitztem konischem Gewinde, das aus 6 Umgängen besteht, von welchen die oberen flach, der untere dagegen bauchig aufgeblasen und zuweilen eine Neigung zeigt, sich kielartig zu erweitern. Die Mündung ist sehr gross und nimmt die halbe Länge der ganzen Schale ein, ist oval verlängert, im oberen Winkel zugerundet, im unteren erweitert und etwas ausgebreitet; die äussere Lippe ist oben stark vorgezogen, unten zurücktretend und trägt aussen einen Wulst, der auch auf der innern Seite der Lippe noch zu bemerken ist, und zuweilen den Schlund etwas verengt. Die Spindel trägt etwas unter der Mitte eine zahnartige Anschwellung. Die Farbe der Schale ist milchweiss mit entfernt stehenden, wellenförmig gebogenen gelben Längslinien. Hinter dem Mundwulst bemerkt man ebenfalls eine gelbe Färbung, die an mehreren Stellen intensiver hervortritt, und die den 3 charakteristischen Punkten der früher beschriebenen Arten entspricht. Bei vielen Individuen ist die Spindel und die Spitze licht violet oder rosa gefärbt.

Durchschnittliche Länge 0·216 W. Z. oder 5·8 Mill.
Breite 0·1 „ „ „ 2·8 „

Fundorte: Dalmatien, Neapel, Sicilien, Marseille, Corsica.

Subfossil: Rhodus, Cypern, Sicilien, Siena.

Die sogenannte Spindelfalte, so wie die schräge Stellung der Mündung dieser Art gaben mehrmals schon zur Vermuthung Anlass, dass diese Schnecke in ein anderes Genus überzutragen sei. ich habe mich indess überzeugt, dass diese Erhöhung an der Spindel keine Spindelfalte ist, welche sich in's Innere der Schale, wie z. B. bei der Gattung *Odostomia* hineinzieht, sondern nur eine zahnartige Erhöhung, wie sie die ihr zunächst stehenden Arten ebenfalls, aber nur in sehr vermindertem Grade aufweisen.

In der Form der äusseren Schale, der Mündung, wie auch in der Verdickung der Aussenlippe an der inneren Seite in der Schlundgegend, gleicht sie etwas der *Rissoa ventricosa* Desmar., doch fehlt ihr die Spiralstreifung der letzteren.

Höchst wahrscheinlich gehört zu dieser Art die bis jetzt unbekannt gebliebene *Rissoa hyalina* Desmarest (Bull. Philom. de Paris 1814, Pl. 1, f. 6 und Lamk. Hist. Nat. 1838, p. 473). Obgleich in der Beschreibung von Desmarest nichts von jenem eigenthümlichen Zahn an der Spindel erwähnt ist, so treffen doch alle anderen angegebenen Kennzeichen genau mit der *Rissoa monodonta* zusammen, selbst ein als Artcharakter unbedeutendes Merkmal, wie die scheinbar doppelte Nath, welche durch das Übereinandergreifen der durchsichtigen Windungen entsteht, trifft vollkommen zu. Sie wurde von Desmarest mit 6 anderen Arten, auf welche er die Gattung *Rissoa* gründete, zugleich aufgestellt, und es scheint mir kaum annehmbar, dass Desmarest in seine neu errichtete Gattung eine Art aufgenommen haben würde, welche dem Gattungscharakter nicht entsprochen hätte. Dass er den Zahn der Spindel unerwähnt liess, erklärt sich leicht dadurch, dass derselbe an vielen Exemplaren nicht sehr entwickelt ist, und dass alle anderen Arten, welche er diesem Genus einverleibte, ebenfalls eine faltenartig abgebogene Spindel besitzen.

Das Thier dieser *Rissoa* habe ich, wegen der Zweifel, welche über seine generische Stellung obwalteten, mehrmals einer genauen Untersuchung unterworfen, und mich überzeugt, dass es vollkommen identisch ist mit allen anderen Rissoen aus dieser Gruppe. Selbst die Stellung und Form der einzelnen Zähnchen auf der Zunge, so wie der Deckel des Thieres zeigen durchaus keine Verschiedenheit.

7. *Rissoa membranacea* Adams.

Taf. I. Fig. 7, 7*a*.

1797. *Turbo membranaceus* Ad. Linn. Trans. V. T. 1. F. 14, 15.
1803. *Helix labiosa* Mont. Test. Brit. p. 400. T. 14. F. 7.
1804. *Turbo labiosa* Mat. et Rack. Trans. of Lin. Soc. VIII. p. 164.
1813. „ *costatus* Pult. Dorset. Cat. p. 45.
1817. „ *labiosus* Dillw. recent Shells. p. 840.
1819. „ „ Turt. Conch. Dix. p. 203.
1828. „ „ Wood. Index Test. pl. 31. F. 59.
1828. *Cingula labiosa* Flem. Br. Anim. p. 307.
1832. *Rissoa fragilis* Mich. Coq. nouv. p. 12. T. 1. F. 9.
1838. „ „ Desh. in Lam. Hist. Nat. p. 474.
1842. „ *Souleyetana* Récluz. Rev. Zool. Cuv. Soc. p. 5.
1844. *Cingula labiosa* Thorpe Br. Mar. Con. p. 179. F. 42.
1844. *Rissoa labiosa* Brown. Ill. Conch. of Cyr. Br. p. 10. pl. 8. F. 18.
1844. „ *pulla* Brown. Ill. Conch. p. 13. T. 9. F. 25 (fide Forbes & Hanley).
1853. „ *membranacea* Phil. Handb. d. Con. p. 171.

R. *Testa ovato-elongata vel turrita, tenuiscula membranacea subhyalina, anfractibus 7—8 convexiusculis, laevibus sive longitudinaliter costatis; anfractu ultimo inflato, laevigato vel costis abbreviatis obsoletis ornato; apertura magna ovata, vel oblonga, superne angustata, inferne rotundata-repanda; labro paullo incrassato, labio reflexo, ad basim libero; columella subtruncata; colore corneo fuscescente vel bruneo, lineis undulatis irregulariter inflexis rufo fulvis ornata, ad labrum maculis tribus.*

Die Schale ist oval verlängert oder thurmförmig, hornartig, halbdurchscheinend mit 7 oder 8 schwach gewölbten Umgängen, die bald glatt, bald mit Längsfalten versehen sind. Die letzte Windung ist bauchig aufgeblasen, entweder glatt oder mit verkürzten schwachen Längsfalten versehen. Die Mündung ist verhältnissmässig gross, oval verlängert, im oberen Winkel zusammengezogen, unten zugerundet und etwas erweitert ausgeschlagen; die Aussenlippe nur wenig verdickt, zuweilen auch scharf und ohne Wulst; die Innenlippe stark umgeschlagen, manchmal unten freistehend; die Spindel unten faltenartig abgebogen und einen deutlichen Absatz bildend.

Die Farbe der Schale ist licht hornartig bis dunkelbraun, mit braunrothen wellenförmig gebogenen Längslinien, die äussere Lippe mit 3 braunen Flecken gezeichnet.

Das Thier dieser Rissoa hat den Rand des Mantels, wie die wohlausgebildeten Seitenleisten schwärzlich geflammt eingesäumt, und auf dem Kopfe und der Schnautze einen breiten dunkelbraunen, viereckigen Fleck, welcher sich gegen den Nacken in eine Art von Streifung auflöst, die immer schwächer wird.

Die durchschnittliche Länge der Schalen der lichteren Varietäten aus dem Mittelmeer beträgt 0·25 W. Z. oder 6·7 Millim.
die Breite 0·1 „ „ „ 2·5 „

Die durchschnittliche Länge der braunen Varietät von den englischen Küsten und dem Kattegat beträgt: 0·326 W. Z. oder 8·9 Millim.

Breite: 0·124 „ „ „ 3·5 „

Fundorte: Küste von Dalmatien, Lesina; Küsten von Frankreich bei Martigues, Cette, Agde, Collioure. Canarische Inseln, Nordküste von Spanien und Frankreich (Cherbourg); England, Schottland, Irland: Küste von Norwegen und Kattegat.

Ihr Vorkommen ist meist in 3 Faden Tiefe, auf schlammigem Grund und auf Zostera.

Diese weit verbreitete und fast überall, wo sie auftritt, häufig vorkommende Art ist eine der veränderlichsten in dieser Gruppe; sie variirt in Form, Farbe und Grösse so bedeutend, dass nur eine grosse Reihe von Exemplaren die Zusammengehörigkeit der zahlreichen, in hohem Grade von einander abweichenden Formen mit Sicherheit beweisen können. Sie lassen sich sowohl nach ihren äusseren Merkmalen, als nach ihrem Vorkommen in zwei Varietäten eintheilen.

1. Individuen von mässiger Grösse mit hellfarbigem, fast durchscheinendem Gehäuse und deutlichen farbigen, wellenförmigen Längslinien; vorzüglich im Mittelmeer verbreitet.

2. Grosse Formen mit hornartiger oder dunkelbrauner Schale und grosser stark erweiterter Mündung. In England und dem Kattegat häufig.

Es ist auffallend, wie einzelne Exemplare dieser Varietäten sich den vorhergehenden Arten nähern: so gleichen die stark gerippten stärkeren der *Rissoa venusta* Phil., die verlängerten der *elata* Phil., und die bauchigeren Formen der *Rissoa grossa* Michaud.

Forbes und Hanley haben in dieser Hinsicht die Verwandtschaften ihrer einheimischen Art ganz richtig erkannt; nur bezeichnen sie ihre englische Form, welche sie nach Montague *Rissoa labiosa* nennen, als Abstammungsart aller jener eben angeführten Arten.

Da diese jedoch in grösserer Häufigkeit und Schönheit im Mittelmeere vorkommen, so kann dieses Meer als die eigentliche Heimath auch dieser Art bezeichnet werden und als Centralpunkt, von welchem ihre Verbreitung ausgegangen ist. Die typische Grundform der *Rissoa membranacea* wäre daher eher in den Repräsentanten dieser Art im Mittelmeer, als in den veränderten Varietäten der englischen Fauna zu suchen.

Was übrigens die Formenveränderung betrifft, welche diese Art in den verschiedenen Fundorten erleidet, so ist zu bemerken dass ihre Schale um so dünner wird, je mehr sie nach Norden rückt, dass sie die lebhaften Farben mehr und mehr verliert, und der Mundwulst immer schwächer wird. Im Kattegat sind die Gehäuse am dünnsten, leicht zerbrechlich und meist ganz ohne Mundwulst, mit einfacher Aussenlippe.

Ich habe mich nicht entschliessen können die *Rissoa gracilis* von Lovèn, welche er als Varietät der *Rissoa membranacea* Adams bezeichnet und beschreibt, hier anzuführen: sie ist trotz mancher Ähnlichkeit in ihrer Formbildung zu verschieden, und zeigt in einem abgeschlossenen Fundort einen so constant bleibenden Charakter, dass es mir zweckmässiger erscheint, sie als eine eigene Art besonders zu betrachten. Als Localvarietät der *Rissoa membranacea* lässt sie sich auch darum nicht bezeichnen, weil letztere im gleichen Fundort mit ihr vorkommt.

8. *Rissoa octona* Nilson.

Taf. I, Fig. 8.

1766. *Helix octona* Linn. Syst. Nat. p. 1248. No. 698 (fide Nils).
1822. *Paludina octona* Nils. Moll. Sueciae p. 92.
1846. *Rissoa membranacea* Ad. var. Lovén. Index Moll. Scand. p. 24.

R. Testa tenui, turrito-elongata, fragili diaphana vel hyalina, pellucida, anfractibus 8 convexis laevibus, rarius longitudinaliter costatis, regulariter crescentibus; apertura ovata infra rotundata et paullo dilatata: labro acuto, interdum varice incrassato; columella subtruncata: colore corneo vel sordide fulvo, lineis distantibus longitudinalibus flammulatis et tribus vel duabus maculis ad labrum.

Schale dünn gebrechlich, thurmartig verlängert fast spindelförmig, durchscheinend, glänzend; die gewölbten in der Regel glatten, seltener auch längsgefalteten Windungen nehmen langsam und gleichmässig an Grösse zu, so dass die letzte Mündung nicht aufgeblasen erscheint. Die Mündung ist oval, unten zugerundet und etwas ausgebreitet. Aussenlippe scharf, zuweilen mit einer Wulst verdickt; Innenlippe umgeschlagen und unten freistehend, wodurch eine Art Nabelspalte gebildet wird; die Spindel ist etwas abgestuzt, oder faltenartig abgebogen.

Die Farbe ist schmutzig gelb oder hornartig mit entferntstehenden flammenartigen gelbbraunen Längslinien und 2 oder 3 dunkleren Flecken an der Aussenlippe.

Die durchschnittliche Länge beträgt 0·27 W. Z. oder 7·2 Millim.
„ „ Breite „ 0·08 „ „ „ 2·3 „

Fundorte: Bergen, Norwegen; Bohuslan, Küste von Schonen, Dänemark (Odensee-fjord), Kattegat.

Diese Art kommt mit folgenden Abänderungen vor:

1. Gelbliche oder hornartige, glatte Exemplare, mit braungelben geflammten Längslinien.
2. Gelbliche oder hornartig gefärbte, mit Längsfalten auf den oberen Windungen.
3. Weisse Exemplare, die Windungen glatt oder längsgestreift.

Zu bemerken ist dass bei allen Abänderungen die Gesammtform dieselbe bleibt, dass alle constant immer 8 Windungen zeigen und dass die letzte Windung kaum grösser ist als die vorletzte, eine Eigenthümlichkeit, welche diese Art besonders kennzeichnet, und mich veranlasst hat, sie nicht der *Rissoa membranacea* als Varietät unterzuordnen. Ihr Vorkommen ist auf Scandinavien beschränkt, wo sie nicht selten auch in ziemlich ausgesüsstem Meerwasser vorkommt.

Die Thiere dieser Art weichen von den Thieren der schon beschriebenen Arten in keinem einzigen Organe ab, selbst die einzelnen Zähne auf der Zunge zeigen durchaus dieselbe Bildung; nur ziehen sich dieselben tiefer in ihre Schale zurück als die andern Rissoen, bei welchen der Deckel das Gehäuse gewöhnlich in der Mitte der untersten Windung schliesst. Das Thier der *Rissoa octona* zieht sich mit dem Deckel bald in die dritte, ja sogar bis in die vierte Windung zurück. Auf dem Kopfe trägt es einige dunkle Linien, welche ein geschlossenes Dreieck bilden, von dem 2 verlängerte Spitzen gegen die abgerundeten Ecken der Schnauze gerichtet sind und dessen Basis stark eingedrückt ist. Auch am Fusse bemerkt man eine schwärzliche Linie, welche den vordern in der Mitte etwas eingedrückten Lappen begrenzt, sich in einem

Bogen nach aufwärts bis unter die Augen zieht und dann an den Seiten des Thieres nach rückwärts bis unter den Deckel fortläuft.

Der Deckel selbst ist wie das Gehäuse äuserst fein und durchsichtig, im übrigen allen anderen Rissoendeckeln vollkommen gleich.

9. *Rissoa cornea* Lovén.

Taf. I. Fig. 9.

1846. *Rissoa cornea* Lovén. Index Moll. Scand. p. 21.

R. testa cornea, ovata, tenui, hyalina; anfractibus 6 convexis, laevibus vel superne longitudinaliter costatis, ultimo ventricoso; apertura magna, ovata; labro acuto, interdum varici incrassato; columella parum subtruncata; colore corneo vel brunco, lineis obscuris distantibus longitudinalibus undulatis.

Schale eiförmig, dünn, durchscheinend mit 6 gewölbten Windungen, von denen die letzte gross und glatt ist. Bei manchen Exemplaren sind die oberen Windungen mit Längsfalten versehen; die Mündung ist ziemlich gross, oval, in beiden Winkeln gerundet. Die Aussenlippe in der Regel scharf, doch auch zuweilen durch einen Wulst verdickt; die Spindel nur wenig abgestutzt, doch ist eine deutliche Abbiegung an ihr noch zu bemerken.

Die Farbe des Gehäuses ist dunkel hornartig oder braun, mit wellenförmig gebogenen entfernt stehenden, dunklen Längslinien.

Die Länge beträgt 0·151 W. Z. oder 4·1 Millim.
„ Breite „ 0·071 „ „ 2 „

Fundort: im Kattegat und der Ostsee.

Es lässt sich an dieser Art die nahe Verwandtschaft mit der glatten braunen Varietät der *Rissoa membranacea* Ad. noch recht gut erkennen, so dass es keinem Zweifel unterliegt, dass sie wie die vorhergehende Art ein Glied dieser Gruppe bildet. Sie zeigt noch mehr wie jene die Eigenschaft wenig gesalzenes Wasser zu ertragen, und wenn, wie ich alle Ursache habe anzunehmen, die *Rissoa Chiliensis* ein und dieselbe Art ist, so reicht sie sogar bis in die Mitte des finnischen Meerbusens.

Die geflammten färbigen Längslinien, wie die faltenartig abgebogene Spindel, und bei vielen Exemplaren die Neigung an den oberen Windungen Längsfalten und an der äusseren Lippe einen Wulst anzusetzen, haben mich veranlasst, sie dieser ersten Gruppe anzureihen.

10. *Rissoa albella* Lovén.

Taf. I, Fig. 10, 10 *a b.*

1846. *Rissoa albella* Lovén. Index Moll. Scand. p. 21.

R. testa ovata, hyalina, subinflata, anfractibus 5—6 convexis laevigatis, interdum longitudinaliter costatis, apertura ovata angulo superiore obtuso, labro acuto, vel paullo incrassato, labio libero, fissuram umbilicalem formante, columella parum subtruncata; colore albello vel carneo, ad suturam flammulata atque ad basim ultimi anfractus fasciata; apice violacea.

Schale mässig stark oval, durchscheinend, etwas aufgeblasen, mit 5—6 glatten, oder mit Längsfalten gezierten, gewölbten Umgängen. Die Mündung ist oval, im obern Winkel zugerundet; die Aussenlippe scharf oder durch einen Wulst verdickt. Die Innenlippe ist wenig umgeschlagen, steht etwas frei und bildet einen kleinen Nabelspalt: Spindel nur unmerklich abgebogen. Die Farbe ist licht hornartig, mit violetter Spitze; am oberen Theil der Windungen, an der Nath röthlich getupft oder geflammt, und an der Basis des letzten Umganges gewöhnlich mit einer dunkleren, zuweilen unterbrochenen Querbinde.

Durchschnittliche Länge 1·17 W. Z. oder 2·9 Millim.
„ Breite 0·06 „ „ „ 0·1 „

Fundorte: Bohuslan (Schweden), Kattegat.

Diese Art kommt in den angegebenen Fundorten in verschiedenen Abänderungen vor. Bei manchen Exemplaren sind die oberen Windungen längsgefaltet, die unteren dagegen glatt: bei andern sind die oberen Windungen glatt, die unteren aber gefaltet; wieder andere sind vollkommen glatt: auch in Grösse und in den mehr oder weniger gewölbten Windungen variirt sie nicht unbedeutend. Was Herr Professor Lovèn über die stumpfe Querstreifung sagt, bezieht sich auf äusserst zarte, entfernt stehende, kaum wahrnehmbare Spirallinien, welche nur die ausgebildetsten Exemplare aufweisen, und welche die Folge eines raschen Wachsthums einzelner Individuen sein dürfte. Die Färbung der Schale ist ebenfalls sehr veränderlich, indem sie vom durchsichtigen, fast farblosen, bis in's Dunkelbraune wechselt; die meisten Exemplare zeigen eine lichtviolette oder dunklere Färbung an der Spitze und der Spindel, und an der unteren Seite der Aussenlippe einen dunklen Fleck; an den beiden letzten Windungen der glatten Exemplare sieht man den obenen Theil mit einer Reihe unterbrochenen rothgelben Längslinien oder Flämmchen besetzt, und an der unteren Hälfte des letzten Umganges sind ebenfalls eine Reihe unterbrochener Flecken, welche zuweilen in eine Binde zusammenfliessen.

Diese letzte Abänderung dürfte mit der von Lovèn aufgestellten *Rissoa Sarsi* identisch sein, wenigstens war es mir nicht möglich unter den vielen Rissoen der zoologischen Sammlung der Universität und des Museums Christian VIII. in Kopenhagen, welche mir durch die besondere Gefälligkeit des Herrn Professors Steenstrup zur Verfügung standen, Formen aufzufinden, die der Beschreibung der *Rissoa Sarsi* Lovèn besser entsprochen hätten.

Leider konnte ich von der *Rissoa albella* keine Thiere erhalten und auch keine Deckel auffinden. Obwohl die etwas verkürzte kugelige Gestalt, die runden Umgänge, und die Nabelspalte von den typischen Rissoen-Arten abweichen, so ist doch die ausgesprochene Längsfaltung, so wie die zeitweise Verdickung der äusseren Lippe schon hinreichend, um sie den Rissoen zuzuzählen; die weiteren Merkmale, wie die Anlage einer Spindelfalte, und die ausgesprochene Neigung bei allen, geflammte oder unterbrochene dunkelgefärbte Längslinien anzusetzen, reihen sie noch in die erste Gruppe.

11. *Rissoa Sarsi* Lovèn.

Taf. I, Fig. 11.

1846. *Rissoa Sarsii* Lovèn Index Moll. Scand. p. 21.

T. conoideo-ovata, tenuis, pellucida, laevigata, alba, maculis juxta suturam et in basi transversis, regularibus ornata. Anfractus 6, postice parum convexi, anteriores rotundati, striis spiralibus omnino destituti; apertura $^1/_3$ *totius testae aequans, parum obliqua, ovata; columella parum arcuata, labrum tenue, simplex, acutum.*

$\frac{3 \cdot 7}{2 \cdot 1}$ Millim.

Rissoa semistriatae (Turbini) Montague = (Rissoa pulchra Johnston) haud absimilis, sed major, ventricosior, tenuior et striis omnino destituta; a praecedente (*Rissoa albella* Lovèn) *diversa magnitudine, facie omnino laevi, labro tenui.*

Viv. Bergen.

Leider besitze ich keine Original-Exemplare dieser Art, auch habe ich unter den Rissoen der nördlichen Meere, welche ich durch die Gefälligkeit des Herrn Lovèn erhalten habe, vergebens nach ihr gesucht. Ich bin daher genöthiget, die Beschreibung des Autors hier wörtlich wieder zu geben.

12. *Rissoa parva* Da Costa.

Taf. II, Fig. 12, 12*a*, 12*b*.

1779. *Turbo parvus* Da Costa Brit. Conch. p. 104.
1784. „ „ Walk. mineral Shells. F. 13.
1797. „ *subluteus* Adams. Trans. Linn. III. p. 65. T. 13. F. 16.
1797. „ *aereus* Ad. Trans. Linn. III. p. 65. T. 13. F. 29, 30.
1797. „ *albulus* Ad. Trans. Linn. III. p. 65. T. 13. F. 17, 18.
1799. „ *parvus* Dorset. Cat. p. 50. pl. 19. F. 4.
1803. „ *lacteus* Donav. Br. Shell. III. T. 90.
1803. „ *parvus* Mont. Test. Brit. II. p. 310.
1803. „ *albulus* Mont. Test. Brit. II. p. 322.
1803. „ *aereus* Turt. Linn. Syst. p. 488.
1804. „ *parvus* Mat. et Rack Tran. Linn. Soc. VIII. p. 171.
1817. „ „ Dillw. Rec. Shell. II. p. 857.
1819. „ „ Turt. Conch. Dix. p. 125.
1822. „ *costatus* Lam. Anim. s. vert. III. p. 50 (ex parte).
1827. *Pyramis albulus* Brown Ill. Con. first. Ed. p. 50. F. 16—19.
1828. *Turbo parvus* Wood Index Testac. pl. 31. F. 99.
1833. *Rissoa parva* Gray Proc. Zool. Soc. p. 116.
1835. „ „ Lyell in Philos. Trans. I. p. 35.
1837. „ „ Hisinger Lethaea. p. 10.
1838. „ „ Potiez et Michd. Gall. d. Dou. p. 274.
1838. *Cingula parva* Flem. Brit. anim. p. 306.
1838. *Rissoa parva* Johnston Berwick Club. I. p. 272.
1839. „ *semicostulata* Anton Conchy. Verz. p. 62.
1842. „ *parva* Delessert Rec. de Coq. pl. 37. F. 8.
1843. „ „ Récluz Rev. Zool. Cuv. Soc. p. 7.
1843. „ *alba* Macgill. Moll. of Aberd. p. 149.
1844. „ *parva* Brown Ill. Con. of Gr. Brit. p. 11. pl. 9. F. 55, 56.
1844. „ *alba* Brown Ill. Con. Gr. Br. p. 12. pl. 9. F. 16—19.
1844. *Cingula parva* Thorpe Br. Mar. Con. p. 176.
1844. „ *alba* Thorpe Br. Mar. Con. p. 183.
1844. *Rissoa obscura* Phil. Enum. Moll. Sic. II. p. 127. pl. 23. F. 10.
1846. „ *parva* Lovèn Index Moll. Scand. p. 21.
1852. „ „ Clark Ann. a. Mag. Nat. Hist. p. 255.
1853. „ „ Forbes und Hanl. Br. Moll. III. p. 98 (pars).
1855. „ „ Clark Br. Mar. Test. Moll. p. 355 (pars).

R. testa subsolida, nitida, oblonga, spira conica, anfractibus 6—7 convexis, superioribus laevibus, inferioribus costatis, interdum transversim striatis: costis in medio anfractu truncatis;

apertura recta, ovata, labro infra subdilatato, varice albo incrassato, colore uniformi vel fasciata, ad labrum maculis duabus falciformibus notata.

Diese sehr bekannte und weit verbreitete Schnecke ist grossen Abänderungen unterworfen. Bei den am häufigst vorkommenden und charakteristischten Formen ist die Schale ziemlich stark, glänzend, oval, seltener verlängert mit konisch zugespitztem Gewinde, und 6—7 mässig gewölbten Windungen: die ersten oberen sind glatt, die folgenden und besonders die unterste mit 10—12 wenig schiefen und geschweiften Längsrippen versehen, welche jedoch etwas unter der Hälfte der letzten Windung plötzlich aufhören. An manchen Exemplaren ist zwischen diesen Längsrippen auch eine feine Querstreifung bemerkbar; dagegen gibt es andere, welche weder Rippen noch Querstreifung haben, und gänzlich glatt erscheinen. Die Nath ist deutlich, die Mündung geradestehend, oval, im oberen Mundwinkel zugerundet, im unteren bogenförmig und unbedeutend nach aussen erweitert. Aussenlippe geradestehend, mit scharfem Rande und mit einem erhabenen weissen Wulst. Innenlippe anfangs schmal, nach abwärts sich erweiternd, geschweift; der Spindelrand durch die Mündung etwas eingedrückt und braun oder violett gefärbt. Die Grundfarbe wechselt vom dunkelsten Braun bis in's Milchweisse, ist entweder einfärbig oder mit weissen Binden auf der Mitte der Windungen versehen. Bei den lichteren Exemplaren ist die Spitze des Gewindes meist violett, und die äussere Lippe trägt unmittelbar hinter dem weissen Wulst zwei sichel- oder halbmondförmige braune Flecken, welche bei allen Varietäten und Abänderungen ein bleibendes charakteristisches Merkmal bilden. Die seltenen, ganz dunklen Varietäten, zu welchen die *Rissoa obscura* Philippi und *R. plicata* Benson gehören, zeigen zuweilen auch den Rücken der Rippen etwas lichter gefärbt.

Die grösseren Exemplare messen in der

Länge 0·16 W. Z. oder 4·3 Millim. und in der
Breite 0·074 „ 2·1 „

Fundorte: von der Nordsee bis in das Mittelmeer, besonders häufig an der Küste von Frankreich bei Granville, Cherbourg und Brest. Die Varietät *obscura* Phil. in Sicilien und Corsica.

Subfossil nach Nilsson bei Stockholm.

Die vielen Varietäten der *Rissoa parva* wurden zu einer Menge von Arten erhoben, welche zum Theil wieder mit ihr vereinigt werden müssen. Die grosse Mannigfaltigkeit in der Färbung bei den verschiedenen Abänderungen konnte allerdings leicht hierzu Veranlassung geben, und so sind z. B. *Turbo albulus, aereus, lacteus, subluteus* Ad. und *Rissoa obscura* Phil. nur Farbenvarietäten der *Rissoa parva*.

Einige Conchyliologen vereinigen, wie ich schon früher Gelegenheit hatte zu erwähnen, mit ihr: *Rissoa interrupta* Mont., *R. costata* Alder, *R. rufilabrum* Alder, *R. labiosa* Mont., *Sarsi* Lovèn und *R. discrepans* Brown; dass diese Arten alle einzelne Merkmale mit der *Rissoa parva* gemein haben, ist nicht zu verkennen, doch scheinen mir diese von keiner grösseren Bedeutung zu sein, als jene, welche fast alle Arten aus dieser Gattung mit *R. parva* ebenfalls aufweisen. Es ist also kein Grund vorhanden, nur diese ihr unterzuordnen, vielmehr müsste man ihr, um consequent zu handeln, die meisten Arten einverleiben.

Die Ähnlichkeit von so vielen Arten unter einander hat ihren Ursprung nicht allein in der grossen Veränderlichkeit, welcher diese recenten jetzt noch lebenden Arten in unserer Zeit unterworfen sind, sie beruht vielmehr, wie ich in der Vorrede bereits erwähnt habe, wahrscheinlich auf einer gemeinschaftlichen Abstammung von einer Stammart aus einer früheren geologischen Epoche.

Der Vereinigung der vorhererwähnten Arten mit *Rissoa parva* steht übrigens entgegen, dass sich die Thiere durch einige allerdings kleine Merkmale unterscheiden lassen. So gibt z. B. die Färbung des Körpers und die Zeichnung des Kopfes ein Mittel, um *Rissoa labiosa*, wie *costata*, von der *Rissoa parva* zu trennen.

Clarke beschreibt das Thier unserer Art folgendermassen: „es ist gelblich-weiss, in einen einfachen Mantel gehüllt, der die Länge des Gehäuses hat, der Kopf hat eine kurze dunkelbraune Schnauze, deren gelbe Scheibe *(discus)* unten mit einer senkrechten Spalte versehen ist; Fühlfäden lang, schlank cylindrisch, gelb mit einer Längsreihe getrennter Flecken (oft auch weiss mit gelben Flecken); Augen auf kleinen Erhöhungen (Drüsen) an der äusseren Basis derselben; Fuss oben und unten weiss, langgestreckt, schmal, vorne abgestumpft, etwas geöhrt, hinten mit abgestumpfter Spitze, auf der ein kleiner oberer Lappen oder eine geflügelte Haut entspringt, an welcher ein fast eirunder, horniger Deckel mit braunrothen Spiral-Streifen und am Ende ein einzelner kurzer weisser, fühlerförmiger Faden sitzt. Die Kiemen bestehen aus kleinen unten am Mantel und an der Rückseite des Halses angewachsenen Gefässen."

Die *Rissoa parva* lebt in beträchtlichen Tiefen im Meere; an den Orkney-Inseln ist sie in einer Tiefe von 40 Faden gefischt worden; ihr gewöhnlichster Aufenthalt aber ist die Laminarien Region. Sie besitzt, wie die meisten Arten dieser Gattung, die Eigenschaft, an der Oberfläche des Wassers in umgekehrter Stellung, mit der Schale nach unten und dem Fusse nach oben gewendet, schwebend sich zu erhalten, und so an der Oberfläche des Wassers hängend, sich fortzubewegen. Auch soll sie nach Gray's Beobachtungen (Proceed. Zool. Societ. III. p. 116) noch das Vermögen besitzen, klebrige Fäden zu spinnen, mit welchen sie sich an den Seegräsern befestigt, um ihren Standpunkt mit grösserer Sicherheit verlassen und wieder erreichen zu können.

Unter den fossilen Arten steht die *Rissoa Lachesis* Bast. aus der Miocänformation auffallend nahe.

13. Rissoa dolium Nyst.

Taf. II, Fig. 13.

1836. *Rissoa pusilla* Phil. Enum. Sic. I. p. 154. T. 10. F. 13.
? 1843. „ *nana* Phil. tert. Vers. p. 52.
1843. „ *pulcara* Forbes. Report. Brit. Assoc. XIII. p. 189.
1843. „ *dolium* Nyst. Coq. foss. de Belg. p. 417.
1844. „ *nana* Phil. Enum. Sic. p. 127.

Non *Rissoa pusilla* Brocchi. 1814.
„ „ *nana* Grat. 1838.

R. testa parva, hyalina, nitida, spira ovato-elongata, anfractibus 5 convexis, duobus vel tribus superioribus laevibus, reliquis sulcato-plicatis; plicis 14 obliquis, in ultimo anfractu abbreviatis et truncatis. Apertura ovata, labro simplice, colore lacteo interdum vitreo.

Schale klein, durchscheinend glänzend, oval verlängert mit konischem Gewinde, das aus 5 stark gewölbten Windungen besteht, von denen die 2—3 obersten glatt, die übrigen längsgefaltet sind, die Falten, 12 — 14 an der Zahl, sind etwas schiefstehend, und setzen unter der Mitte des letzten Umganges plötzlich ab. Mündung oval: Aussenlippe einfach und etwas geschweift. Farbe milchweiss, zuweilen glasartig.

Länge 0·085 W. Z. oder 2·3 Millim.
Breite 0·042 „ „ „ 1·2 „

Vorkommen im Mittelmeere, Sicilien, Dalmatien, I. Paros, Marseille.

Subfossil: Calabrien, Rhodus.

? Tertiär (oligocän) Freden und Dickholz.

Ich habe diese Art anfangs immer für Jugendexemplare der *Rissoa parva* gehalten, bis ich durch Herrn Martin aus Martigues eine ziemliche Anzahl wohl ausgebildeter Exemplare erhielt, welche alle die eben angeführte Grösse nicht überschritten, und dabei die wohl bezeichnenden Merkmale, wie die Farblosigkeit und Durchsichtigkeit unverändert beibehalten haben. Durch die äussere Form der Schale und durch das plötzliche Verschwinden der abgekürzten Längsfalten der letzten Windung ist sie der *Rissoa parva* sehr nahe verwandt.

Ob die *R. nana* Phil. aus den oligocänen Ablagerungen von Freden und Dickholz als ihr fossiler Repräsentant zu betrachten ist, kann ich nicht beurtheilen, da mir Exemplare von diesem Fundort nicht bekannt sind.

14. *Rissoa interrupta* Adams.

Taf. II, Fig. 14, 14*a*.

1798. *Turbo interruptus* Ad. Trans. Linn. Soc. Bd. V. pl. 5, F. 20, 21.
1803. „ „ Mont. Test. Brit. p. 329.
1803. „ „ Donov. Br. Shells. Bd. 5. pl. 178. F. 2.
1804. „ „ Mat. & Rack. Trans. Linn. Soc. VIII. p. 166
1808. „ „ Mont. Test. Brit. suppl. pl. 20. F. 8.
1817. „ „ Dillw. Rec. Shells. Bd. II. p. 841.
1819. „ „ Turton. Conch. Dix. p. 205. Nr. 30.
1828. „ „ Wood. Index Test. pl. 31. F. 62.
1828. *Cingula interrupta* Flem. Brit. Anim. p. 308. Nr. 215.
1838. *Rissoa* „ Johnst. Berw. Club. I. p. 271.
1843. „ „ ? Phil. Tert. Verst. p. 52. T. 3, F. 13.
1843. „ *matoniana* Récluz Rev. Zool. Cuv. Soc. p. 9.
1844. „ *interrupta* Ad. Brown. Ill. Con. Gr. Br. p. 12. pl. 9. F. 41.
1844. „ „ Macgill. Moll. of. Aberd. p. 150.
1844. *Cingula* „ Thorpe. Br. Mar. Con. p. 181.
1845. *Rissoa* „ Menke Zeitschr. Malakoz. p. 41.
1846. „ „ Lovèn Index Moll. Scand. p. 21.
1853. „ „ Forb. & Hanl. Br. Moll. III. p. 101.

Rissoa testa tenui, nitida, laevissima, subperforata ovato-elongata, spira conica; anfractibus 6, subconvexis laevibus, ultimo subinflato; apertura ovata; labro simplice, interdum subincrassato; colore corneo vel brunneo, maculis longitudinalibus flexuosis interruptis interdum fasciis duabus atrofuscis transversalibus in ultimo anfractu; ad labrum maculis falciformibus binotata.

Die Schale ist dünn, glänzend und halbdurchscheinend, oval-konisch oder oval-thurmförmig, mässig gespitzt, mit 5—6 glatten schwach gewölbten Windungen, welche durch eine deutliche Nath getrennt werden; die Mündung ist geradestehend, eiförmig, fast rund, der obere Winkel zugerundet, unten bogenförmig und eine Neigung zum Ausbreiten andeutend:

Aussenlippe scharf, an der Aussenseite nur selten etwas verdickt; Innenlippe anfangs schmal und auf der letzten Windung aufliegend, in der Mitte durch die Mündung etwas eingedrückt, gegen unten freistehend, und dadurch auf der letzten etwas bauchigen Windung einen kleinen Nabel bildend.

Die Farbe ist hornartig oder braun, mit flammenartigen und unterbrochenen braunrothen Längslinien. An der unteren Windung entspringen diese Flämmchen gewöhnlich von zwei Querbinden, deren eine an der Nath und die andere an der unteren Hälfte der Windung läuft, so dass die Binden ihre aufsitzenden Flämmchen gegen die Mitte der Windung gekehrt haben und ihre Spitzen sich entgegenstehen. Eine weitere charakteristische Färbung bildet ein brauner Längsstreifen mit 2 gegen die Schneide der Mündung greifenden Strahlen an der Aussenlippe, ähnlich jenen sichelartigen Flecken an der *Rissoa parva.*

Grössere Exemplare messen: Länge 0·14 W. Z. oder 3·8 Millim.
Breite 0·06 „ „ „ 1·7 „

Fundorte: Von Finmarken bis an die Westküste von Frankreich, doch im Norden häufiger zu treffen.

Die Thiere gleichen jenen der *Rissoa parva*, sie leben in der Seegrasregion, und lebende Exemplare werden nicht tiefer als 12 Faden gefunden.

Die *Rissoa interrupta* ist mit ihren oben angeführten charakteristischen Merkmalen bis jetzt nur in den nördlichen Meeren beobachtet worden, und scheint im Mittelmeere zu fehlen. Die einzige *Rissoa*, mit der sie verglichen werden kann, ist die *Rissoa simplex* Phil.; doch fehlen dieser letzteren die bezeichnenden Flecken an der äusseren Lippe, welche die *Rissoa interrupta* in eine so nahe Beziehung zur *Rissoa parva* bringen.

13. *Rissoa variegata* Adams.

Taf. II. Fig. 13.

1798. *Helix variegata* Ad. Linn. Trans. III. p. 67.
1803. „ „ Mont. Test. Brit. p. 116.
1804. „ „ Mat. & Rack. Trans. Lin. Soc. VIII. p. 20.
1828. *Turbo variegatus* Flem. Brit. Anim. p. 303.
1844. *Helix variegata* Ad. Brown. Ill. of Br. Con. p. 20.
1855. *Rissoa inconspicua* Clark Brit. Mar. Test. Moll. p. 371 (ex parte).

R. testa minima, solida, hyalina, ovata; spira conica, apice obtusa: anfractibus 4 vixconvexis, ultimo permagno, apertura ovata, labro infra producto, varice incrassato; colore fulvo vel corneo, lineis sanguineis longitudinalibus distantibus, abbreviatis, ad labri marginem duabus maculis arcuatis.

Die Schale ist sehr klein, ziemlich stark, glatt und durchscheinend, eiförmig mit einem kurzen konischen Gewinde und stumpfer Spitze. Die vier Windungen sind schwach gewölbt. Die letzte verhältnissmässig gross. Die Mündung oval, Aussenlippe unten etwas vorgezogen, geschweift, und durch einen Wulst verdickt. Farbe schmutzig gelb oder hornartig, mit 7 entferntstehenden rothen auf der Höhe der letzten Windung abgekürzten Längsstreifen. An der Aussenlippe befinden sich zwei sichelförmige dunkelrothe Flecken.

Länge 0·05 W. Z. oder 1·5 Millim.
Breite 0·03 „ „ 1·0 „

Fundorte: an der Südküste von Devonshire und Zetland.

Clarke hält diese Art für Jugendexemplare der *Rissoa inconspicua*, dagegen spricht aber die ausgebildete äussere Lippe, welche immer einen ziemlich starken Varix aufweiset, während die Jugendexemplare der *R. inconspicua* einen einfachen Mundsaum besitzen und in diesem Stadium ihres Wachsthumes nie ähnliche abgekürzte intensive rothe Flecken zeigen. Meines Erachtens steht sie der *Rissoa interrupta* Adams viel näher, mit welcher sie auch in den zwei dunklen Flecken an der Aussenlippe übereinstimmt. Sie ist die kleinste Schnecke dieser Gattung und ein wahrer Zwerg unter den *Rissoen*.

Der verdickte Mundsaum, die farbigen Längsstreifen und die Flecken an der Aussenlippe weisen ihr den Platz unmittelbar neben der *Rissoa interrupta* an.

In englischen Sammlungen ist sie unter dem Namen *Rissoa vittata* bekannt, ein Name, der ihr jedoch nicht gebührt, da derselbe bereits für eine Art von Donovan und eine zweite von Brown doppelt vergriffen ist.

16. *Rissoa marginata* Michaud.

Taf. II, Fig. 16.

1832. *Rissoa marginata* Mich. Descript. d. Coq. p. 13. Fig. 16.
1838. „ „ Desh. in Lamk. Hist. Nat. p. 468.

R. testa ovata, solida, nitida, spira conica, anfractibus 6 convexiusculis, superioribus 4 laevibus, penultimo et medio ultimo saepissime costulatis; sutura interdum subundulata, albo marginata; apertura ovata, labro varice albo incrassato: colore bruneo, apertura et basi ultimi anfractus alba, ad labrum bimaculata.

Schale mässig stark, sehr glänzend, eiförmig mit konischem Gewinde und 6 mässig gewölbten Windungen, von denen die 4 obersten glatt, die vorletzte und die Hälfte der letzten Windung meist längsgerippt sind, Längsrippen flach und glänzend; Nath deutlich, zuweilen etwas wellenförmig gebogen und von einem weissen Streifen begleitet; Mündung eiförmig, äussere Lippe geschweift, unten zurücktretend und etwas ausgebreitet, aussen einen weissen Wulst tragend, hinter welchem 2 braunrothe Flecken sichtbar sind. Innenlippe unten etwas freistehend und eine kleine Nabelspalte bildend. Die Grundfarbe der Schale wechselt zwischen licht und dunkelbraun, doch sind die oberen Windungen unten dunkler in der Farbe; die Mündung und Basis der letzten Windung weiss.

Länge 0·187 W. Z. oder 5 Millim.
Breite 0·09 „ „ 2·5 „

Fundort: im Mittelmeer bei Cette und Martigues.

Die Abbildung und Beschreibung ist nach einem Original-Exemplare von Michaud verfasst.

Diese seltene Art erkennt man leicht an der weissen Binde an der Basis des letzten Umganges, wie auch an ihrem eigenthümlichen Glasglanz: einige dunklere Varietäten der *Rissoa parva* (*R. obscura* Phil.) und (*R. plicata* Bens.) scheinen einen Übergang zu ihr zu vermitteln, doch trägt ihre mehr gedrungene Gestalt einen so ausgesprochenen Charakter, dass sie füglich als selbstständige Art beibehalten werden kann.

17. Rissoa Lachesis Bastérot.

Taf. II, Fig. 17.

1825. *Turbo Lachesis* Bast. Mém. géol. Bord. p. 27. T. 1. F. 4.
1827. *Rissoa bulimoides* Grat. Tabl. Adour. Bull. Linn. p. 132.
1837. „ *Lachesis* Hauer tert. Beck. v. Wien. p. 421.
1838. „ *bulimoides* Grat. Conch. foss. Act. Linn. Vol. 5. p. 201 tab. 5. F. 34. 35.
1840. „ „ Grat. Atlas. Conch. Adour. t. 4. F. 34, 35.
1848. „ *Lachesis* Hörnes Verzeichnis p. 23.
1852. „ „ d'Orb. Prodrome Tom. 3. p. 28.
1856. „ „ Hörnes foss. Moll. p. 572. T. 48. F. 16, 17.

Testa solida, ovato-conica, anfractibus 5—6 convexiusculis, duobus superioribus laevibus, reliquis 14—16 costatis et transversim tenuissime striatis; costis in medio ultimo anfractu abbreviatis, apertura ovata, labro valde incrassato.

Non raro etiam varietas reperitur omnino costis destituta.

Schale stark, oval-konisch mit 5—6 schwach gewölbten Windungen, von denen die 2—3 ersten glatt, die übrigen mit 14—16 Längsrippen bedeckt sind. In der Mitte des letzten Umganges setzen die Rippen ab, und lassen die Basis frei: die gerippten Windungen sind meist fein quergestreift. Die Mündung ist oval; Aussenlippe durch einen starken Wulst verdickt.

Diese typische Form wird fast an allen Fundorten von einer Varietät begleitet, die vollständig glatt ist und keine Spur von Längsrippen oder Querstreifen zeigt. Dieselbe ist indess durch alle Übergänge mit der Grundform verbunden.

Durchschnittliche Länge 0·11 W. Z. oder 3·1 Millim.
„ Breite 0·06 „ „ „ 1·7 „

Vorkommen: Tertiär in Miocän-Ablagerungen sehr häufig; im Wiener Becken (in Steinabrunn, Enzesfeld, Baden, Gainfahren, Forchtenau etc.), Szobb, Hidas in Ungarn; Lapugy und Bujtur in Siebenbürgen; Olesko in Galizien; in Frankreich Léognan, Saucats, St. Paul; Touraine; in Italien bei Siena.

Diese überall häufig vorkommende Schnecke ist durch ihre Verwandtschaft, welche sie mit fast allen anderen aufweist, die interessanteste und vielleicht auch die wichtigste Form für die ganze Gattung. Ihre vollkommene Übereinstimmung mit der recenten *Rissoa parva* lässt mich vermuthen, dass sie nicht nur die Stammart derselben ist, sondern dass sie zugleich auch als die Stammart der meisten Arten aus dieser Gattung angesehen werden kann; wenigstens kann man ohne auf bedeutende Lücken zu treffen, ihre Verzweigungen und Abänderungen durch alle jüngeren Schichten bis auf unsere lebenden Formen mit aller Wahrscheinlichkeit verfolgen.

Der Versuch, den ich auf Seite 9 durch die tabellarische Zusammenstellung der verschiedenen Arten in den betreffenden Formationen gemacht habe, zeigt, wenn auch nicht mit Bestimmtheit, doch die Art und Weise wie sich ihre Abstammung von nur wenigen, oder selbst nur einer einzigen Grundform erklären und annehmen lässt.

Diese Art ist übrigens in der Miocänperiode sowohl was Grösse und äussere Sculptur betrifft eben so veränderlich gewesen, als es ihre Ersatzart, die recente *Rissoa parva* heut zu Tage noch ist. Sie kommt z. B. sehr häufig vollkommen glatt vor, wo es dann, wenn man sie allein findet, sehr schwer ist in ihr noch eine der Varietäten der *Rissoa Lachesis* zu erkennen. Die *Rissoa exigua* Eichwald ist vielleicht ebenfalls nur eine glatte Varietät dieser Art.

Als Gegensatz zu diesen glatten gedrungenen Formen finden sich aber auch verlängerte Varietäten, deren Windungen sich nach und nach kielartig erweitern, stark längsgefaltet und quergestreift sind, und dadurch der *Rissoa Clotho* Hörnes sehr nahe kommen.

Beide angeführte Extreme verbinden sich durch Übergangsglieder vollkommen mit der Grundform, die ganz ausserordentlich veränderlich ist. So z. B. haben die grösseren Exemplare mit 6 Umgängen nur 2 glatte Embryonalwindungen, die übrigen sind alle gerippt und mit deutlicher Querstreifung zwischen den Rippen versehen; kleinere dagegen mit 4 oder 5 Umgängen haben sogar 3 oder 4 glatte Windungen, so dass man nur noch auf der letzten die Längsrippen ohne Querstreifung sieht, und endlich verschwinden auch die Streifen und Rippen gänzlich und man hat ganz glatte Exemplare vor sich.

18. *Rissoa exigua* Eichwald.

Taf. II, Fig. 18.

1830. *Rissoa exigua* Eichw. Naturhist. Skizze I. p. 218.
1853. „ „ Eichw. Leth. Ross. p. 271. T. 10. F. 13.

R. testa crassa, solida, ovato-conica, laevi, anfractibus 6 convexis, ultimo inflato; apertura ovata, infra rotundata subdilatata, labro incrassato; ad basim ultimi anfractus striis spiralibus subtilissimis.

Schale stark, eiförmig mit kurzem rasch zunehmenden Gewinde, glatt, mit 6 gewölbten Windungen, von welchen die letzte ziemlich vergrössert ist. Mündung oval, unten etwas erweitert und zugerundet. Aussenlippe unten hinter die Mittellinie des Gehäuses zurücktretend, verdickt; an der Basis des letzten Umganges befinden sich feine Spiralstreifen.

Länge 1·5 W. Z. oder 4 Millim.
Breite 0·08 „ „ „ 2·2 „

Vorkommen: fossil (miocän) Zukowze, Bilka, Zabiak, Alt-Potschaieff in Polen. Hidas in Ungarn.

Diese in Polen häufig vorkommende Art unterscheidet sich von den grösseren Exemplaren der glatten Varietät der *Rissoa Lachesis* nur durch die am untern Theil der letzten Windung befindlichen Querstreifen.

Unter den verschiedenen Originalexemplaren, welche das k. k. Hof-Mineralien-Cabinet durch directe Einsendung des Herrn von Eichwald besitzt, befinden sich Exemplare unter dem Namen *Rissoa laevigata*, welche sich nach genauer Prüfung als grosse Individuen der *Rissoa exigua* herausstellten. Es scheint jedoch die Beschreibung der *Rissoa laevigata* von Eichwald auf eine andere Schnecke gerichtet zu sein, welche durch ihre ungewöhnliche Grösse sehr leicht kenntlich ist.

19. *Rissoa nana* Lamarck sp.

Taf. II, Fig. 19, 20.

1810. *Bulimus nanus* Lk. Ann. du Mus. T. 8. pl. 59. F. 9.
1824. *Paludina nana* Desh. Coq. foss. Env. Paris II, p. 132. pl. 15. F. 18.

1833. *Paludina striata* Grat. Tabl. Nr. 13.
1838. „ *nana* Grat. Atl. T. 3. F. 45—46.
1838. *Bulimus nanus* Lk. Anim. s. Vert. 7. p. 536. Nr. 10.
1847. *Paludestrina nana* d'Orb. Prodr. 25 Et. Nr. 19.
1847. *Rissoa nana* d'Orb. Prodr. 26 Et. Nr. 370.
1853. „ *abbreviata*. Baudon Journ. d. Conch. p. 328.
1862. „ *nana* Desh. An. s. Vert. Bass. Par. p. 409.

non *Rissoa nana* Grat. vid. *Rissoina nana* Gr.
non *Rissoa nana* Phil. vid. *Rissoa Duboisi* Nyst.

R. testa ovata, spira conica, anfractibus 5 convexis. duobus superioribus laevibus, ceteris plicis numerosis obliquis subarcuatis ornatis, plicis in medio anfractu ultimo inflato truncatis, basi laevi; apertura subrotundata, labro varice incrassato.

Schale oval-konisch, mit 5 stark gewölbten Windungen, von welchen die beiden ersten glatt, die übrigen mit zahlreichen, ungefähr 20, etwas gebogenen und schiefstehenden Längsfalten geziert sind. In der Mitte der bauchigen letzten Windung hören die Falten plötzlich auf, so dass die ganze untere Hälfte derselben vollkommen glatt ist. Die Mündung ist fast rund, die Aussenlippe mit einem glatten Wulst verdickt. Die Innenlippe unten freistehend und eine schwache Nabelspalte bildend.

Die grösseren Exemplare messen
in der Länge 0·1 W. Z. oder 3 Millim.,
„ „ Breite 0·05 „ „ 1·5 „

Fundorte: Eocän (Grobkalk), Chamery, Chaussy, Grignon, Parnes, Mouchy etc. (Sables moyens), Ver, Erménonville, Lisy, le Guépélle etc.; im Becken von Paris.

Oligocän: Dax, Gaas, Cazordite, Lesbarritz, Tartas.

Ich habe die Exemplare aus den eocänen und oligocänen Formationen einer sorgfältigen Prüfung unterzogen und mich von der vollkommenen Übereinstimmung der Grateloup'schen und Lamarck'schen Art überzeugt, so dass ich dieselbe ohne Zögern zu einer Species vereinige.

Figur 19 stellt ein Exemplar aus Grignon, Figur 20 ein solches aus Lesbarritz dar.

20. *Rissoa misera* Deshayes.

1862. *Rissoa misera* Desh. Anim. s. Vert. Bassin de Paris p. 410. T. 21. F. 13—15.

„*R. testa minima, ovato-conica, apice acutiuscula anfractibus quinis ad septenis convexiusculis sutura crenulata junctis, primis laevigatis, caeteris longitudinaliter minute costellatis; costellis paulo arcuatis et obliquis, interstitiis punctato-striatis, ultimo anfractu brevi, globuloso, basi planiusculo, ad peripheriam costellis evanidis: apertura minima recta, ovato-subcircculari, columella arcuata margine late incrassato.*“

Diese Art ist eine der kleinsten in der Gattung *Rissoa*, sie nähert sich sehr der *Rissoa nana* Lamarck, welche nur im Grobkalk und mittleren Meeressand *(sables moyens)* gefunden wird. Sie ist oval-konisch mit etwas verlängertem spitzem Gewinde, das aus 5—6 engen wenig gewölbten Windungen besteht, die durch eine gekerbte Nath getrennt werden; die beiden ersten Windungen sind vollkommen glatt, die übrigen mit feinen, sehr gleichen regelmässigen und abgerundeten Längsfalten geziert, welche schief von einer Nath zur anderen laufen und etwas gebogen sind. Wenn man das Gehäuse unter einer starken

Vergrösserung betrachtet, entdeckt man zwischen den Rippen feine vertieft punktirte Transversalstreifen; die letzte Windung ist kurz, sehr convex, und die Längsfalten endigen plötzlich auf dem Umfange derselben; ihr unterer Theil ist vollkommen glatt. Die Mündung ist klein und fast rund; die Spindel kurz und setzt mit dem Mundsaum in einer gleichmässigen Biegung fort. Die Aussenlippe wird durch einen breiten aber wenig dicken Wulst verstärkt.

Länge $2^1/_2$ Millim., Durchmesser 1 Millim.

Vorkommen: Sehr selten in Eocän-Ablagerungen *(sables inférieurs)* von Mercin, Herouval, Laversine.

Da mir keine Originalexemplare dieser Art vorliegen, so habe ich des Autors eigene Beschreibung wörtlich beibehalten. Hinsichtlich der Abbildung verweise ich ebenfalls auf Deshayes's Hist. nat. des anim. sans vert. du bassin de Paris. Pl. 24. f. 13—15.

21. *Rissoa pulchella* Philippi.

Taf. II, Fig. 21, 21 *a*.

1836. *Rissoa pulchella* Phil. Enumer. Sic. I. p. 155. T. 10. F. 12.
1838. „ „ Desh. in Lamk. Hist. Nat. p. 480.
1844. „ „ Phil. Enumer. Sic. II. p. 127.

R. testa ovato-conoidea, subperforata anfractibus 6—7 convexis, tribus vel quatuor superioribus laevibus, reliquis oblique plicatis; ultimo plicis abbreviatis ornato vel laevi, apertura ovata, labro scindente vel interdum varice incrassato, labio infra recto. Colore sordide flavo, lineis undulatis fulvis longitudinalibus intercostas, ad basim labri unimaculata.

Schale ziemlich stark, halbdurchscheinend, eiförmig oder verlängert eiförmig, mit konischem Gewinde; von den 6—7 gewölbten Windungen sind die 3—4 obersten glatt, die unteren mit 14—18 etwas schiefen Längsfalten bedeckt; letzte Windung mit verkürzten Rippen oder ganz glatt. Die Mündung ist oval, die Aussenlippe einfach, zuweilen mit einem Wulst verdickt. Innenlippe unten senkrecht, meistens eine kleine Nabelspalte bildend. Die Farbe ist schmutzig gelb mit wellenförmigen feinen braunen Längslinien zwischen den Rippen; an der Aussenlippe unten ein dunkler Fleck. Sehr stark und breit gerippte Exemplare zeigen zuweilen auch eine Querstreifung zwischen den Rippen.

Die durchschnittliche Länge beträgt 0·17 W. Z. oder 4·7 Millim.
„ „ Breite „ 0·08 „ „ „ 2·3 „

Fundorte: Im Mittelmeer, Rhodus, Dalmatien, Sicilien, Marseille.

Subfossil: Rhodus, Sicilien, Calabrien.

Diese häufig vorkommende Art hat sehr grosse Ähnlichkeit mit der *Rissoa inconspicua* Alder und *Rissoa lineolata* Michaud, doch ist sie immer grösser als die erste, und kleiner als die zweite. Nach dem Beispiele der Herren Forbes und Hanley, welche zur *Rissoa inconspicua* mehrere ähnliche Formen gezogen haben, hielt ich sie früher ebenfalls für eine Varietät derselben, und erst nachdem ich die Grundform der *Rissoa inconspicua* von Alder kennen lernte, war es mir möglich, die *R. pulchella* Philippi als selbstständige Form auszuscheiden. Von der *Rissoa lineolata* Mich. unterscheidet sie sich nebst der minderen Grösse auch durch ein stärkeres Gehäuse.

Mit der *Rissoa plicatula* Risso zeigt die vorliegende Art ebenfalls manche Übereinstimmung, doch unterscheidet sich jene durch eine bedeutendere Grösse und abweichende Färbung ziemlich leicht.

22. *Rissoa inconspicua* Alder.

Taf. II, Fig. 22.

1841. *Rissoa inconspicua* Alder Ann. Mag. N. H. XIII. p. 323. F. 6. 7.
?1845. „ *maculata* Brown Ill. Conch. Gr. Br. p. 12. T. 9. F. 5. 6.
1852. „ *inconspicua* Clark Ann. Mag. N. H. X. p. 255.
1853. „ „ Forb. et Hanley Brit. Moll. III. p. 113. pl. 76. F. 7, 8. pl. 82. F. 5, 6.
1855. „ „ Clark Br Mar. Test. p. 358.

R. testa minima, pellucida, hyalina, ovato-conica anfractibus 5 convexis, primis 2—3 laevibus, reliquis longitudinaliter tenuicostatis, costis 22—24 medio ultimo anfractu evanescentibus, intercostas striis transversis tenuissimis. Apertura ovata infra rotundata; labro versus basim producto, extus varice incrassato. Colore sordide luteo, macularum obscurarum seriebus duabus notata, apice et labio purpureo.

Schale mässig stark, durchscheinend, sehr klein, eiförmig, mit kurzem konischem Gewinde. Die 5—6 gewölbten Umgänge sind bis auf die 2—3 obersten mit feinen, etwas schiefstehenden Längsfalten bedeckt, deren Zwischenräume sehr fein spiral gestreift sind; die Längsfalten, von denen man 22—24 am letzten Umgange zählt, sind an ihrem oberen Theile am stärksten und verschwinden in der unteren Hälfte der letzten Windung, wo kaum noch die Spiralstreifung bemerkbar ist. Die Mündung ist nicht sehr gross, oval, unten etwas erweitert. Die Aussenlippe stark geschweift, unten vorgezogen und durch einen erhabenen Wulst verstärkt; Innenlippe schmal; manche Exemplare, deren Windungen sehr gewölbt sind, zeigen eine kleine Nabelspalte. Die Farbe ist schmutzig gelb oder hornartig mit purpurrother Spitze und Innenlippe und einem dunklen Fleck am unteren Theile der Aussenlippe. Auf den Windungen sind gewöhnlich zwei Reihen von dunklen Flecken zu bemerken, von denen sich die eine unterhalb der Nath, die andere an der Basis der letzten Windung befindet.

Durchschnittliche Länge 0·062 W. Z. oder 1·8 Millim.
„ Breite 0·035 „ „ „ 1·1 „

Fundorte: Dalmatien und Küste von Northumberland (in der Korallinenregion).

Nach Clarke ist das Thier weiss, mit zwei langen borstenartigen Fühlern, welche die Augen an ihrer äusseren Basis tragen; der Kopf ist vorne zweilappig; der Fuss schlank, vorne erweitert und weiss, mit einem schwarzen Fleck in der Mitte des unteren Theiles. Die lappenartigen Anhängsel an den Seiten sind schwarz oder dunkelpurpurroth gerandet; zwei weitere Linien von derselben Farbe laufen denselben parallel zu beiden Seiten, und zwar die obere von ihnen nahe am Rücken, die andere unten, den Fuss begrenzend; der übrige Theil des Körpers ist weiss mit einigen gelblichen Flecken.

Die Herren Forbes und Hanley vereinigen mit dieser Art mehrere Formen, welche ich als Varietäten anderer Arten betrachte; ich glaube übrigens, dass nur diejenigen Exemplare hieher zu rechnen sind, auf welche sich die Originalbeschreibung von Alder in der That beziehen lässt. Dass sie an der englischen Küste grossen Veränderungen unterworfen, ist nicht zu bezweifeln und es lassen sich an einer grossen Auswahl von Exemplaren manche charakteristische Abänderungen zusammenstellen, doch muss ihre unbedeutende Grösse, wie die Längsfalten und feine Querstreifung immer als bleibender Artcharakter und als Grundform aller Abänderungen angesehen werden.

Die Zusammenstellung der *Rissoa interrupta* mit der *Rissa pulcherrima* Jeff., wie sie Clark annimmt, scheint mir gänzlich zweifelhaft, was auch aus der Beschreibung der Thiere von Alder und Clark, von denen jeder offenbar ein verschiedenes Thier vor Augen hatte, vollkommen bestätigt wird; leider konnte ich die *Rissoa inconspicua* nur an vertrockneten und wieder erweichten Exemplaren untersuchen; dieselben überzeugten mich aber doch, dass ihre Fühler nicht behaart sind, wie Herr Clark angibt, und dass er das Thier der *Rissoa pulcherrima*, deren Fühlfäden an der Spitze wirklich mit feinen, horizontal abstehenden Härchen besetzt sind, auch auf die *Rissoa inconspicua* Alder bezogen hat.

Auch die *Rissoa similis* Brown scheint mir nicht zu dieser Art zu gehören, da die Grösse derselben ½ Zoll beträgt und ihr auch der verdickte Mundsaum fehlt. Die Angabe der Fundorte von Brown sind übrigens so zweifelhaft, und seine Arten durch die ungenügenden Abbildungen so schwer zu deuten, dass selbst die englischen Autoren es unterlassen, sich mit ihrer Auffindung weiter zu befassen. Lovèn führt die *Rissoa similis* Brown als Varietät der *Rissoa membranacea* Adams an, und in der That ist dies die einzige Art, auf welche sie bezogen werden kann.

Die Beschreibung und Abbildung sind nach Originalexemplaren aus der Sammlung von Herrn Cuming gemacht; dieselben stimmen vollkommen mit jenen überein, welche mir Herr Hanley als typische Form der *Rissoa inconspicua* Alder eingesendet hat.

23. *Rissoa Ehrenbergi* Philippi.

Taf. II, Fig. 23.

1844. *Rissoa Ehrenbergi* Phil. Enum. Moll. Sic. p. 127. T. 23. F. 9.

R. testa solida, ovata, spira brevi, conica, acuta; anfractibus 5—6, tribus superioribus laevibus, reliquis duodecim vel quatuordecim plicatis et transversim striatis; anfractu ultimo in medio latissimo, declivi; plicis abbreviatis; apertura suborbiculari, labro acuto rarius incrassato: colore lacteo, margaritaceo vel pallide flavo, sub sutura maculis fulvis flammulatis: labio violaceo, labro ad basim unimaculato.

Schale stark, eiförmig, mit kurzem zugespitztem konischem Gewinde; von den 5 bis 6 gewölbten Umgängen sind die 3 obersten glatt, die untern mit 12—14 ziemlich geradestehenden Längsfalten versehen, zwischen welchen eine äusserst feine Spiralstreifung sichtbar ist. Die letzte Windung ist in der Mitte auffallend breit und fällt nach unten gegen die Spindel sehr rasch ab, auch sind die Längsfalten auf ihr abgekürzt. Die Mündung ist verhältnissmässig breit und rundlich; Aussenlippe gewöhnlich scharf, doch auch zuweilen verdickt. Die Farbe ist weiss, perlmutterglänzend oder sehr licht gelb, unterhalb der Nath mit kurzen flammenartigen gelbbraunen Flecken zwischen den Rippen. Die Spindellippe ist violet oder rosa gefärbt, und am unteren Theil der Aussenlippe ist ein dunkler Fleck zu bemerken.

Länge 0·135 W. Z. oder 3·7 Millim.
Breite 0·075 „ „ „ 2·1 „

Fundorte: Dalmatien (Cattaro), Rhodus.

Diese Art ist leicht an ihrer gedrungenen Gestalt, der besonderen Breite des letzten Umganges, dem kurzen konischen Gewinde, welches ungefähr einen Winkel von 60—70 Grad bildet und der violet gefärbten Spindellippe zu erkennen; sie ist in Küster's Conchylien-Cabinet vorzüglich gut abgebildet, und ich habe bisher nur unterlassen, dieses Werk in den Angaben zu erwähnen, weil zu den Abbildungen der Text noch nicht erschienen ist.

24. *Rissoa simplex* Philippi.

Taf. II, Fig. 24.

1844. *Rissoa simplex* Phil. Enumer. Moll. Sicil. p. 129. T. 23. F. 17.

R. testa ovato-elongata, subumbilicata, laevissima, spira subacuta: anfractibus 7, laevibus convexiusculis: apertura ovata, labro simplici. Colore albo vel flavescente hyalino, lineis luteis undulatis longitudinalibus.

Schale oval verlängert, glatt und glänzend, mit konischem gleichmässig zunehmendem Gewinde, das aus 7 glatten schwach gewölbten Umgängen besteht. Die Mündung ist oval, die Aussenlippe gewöhnlich einfach; die untere Windung schwach genabelt. Farbe weiss oder licht hornartig, mit beiläufig 10 feinen gelben, wellenförmig-gebogenen Längslinien.

Die Länge beträgt 0·11 W. Z. oder 3·05 Millim.

„ Breite „ 0·05 „ „ 1·4 „

Fundorte: Dalmatien, Rhodus, Sicilien, Beirut.

Subfossil in Tarent (Phil.).

Diese kleine Art ist charakterisirt durch die farbigen, schmalen Längsstreifen, welche über alle Windungen bis an die Mündung sich fortsetzen. Sie gleicht in ihrer Form etwas den glatten Exemplaren der *Rissoa radiata*, unterscheidet sich jedoch von ihr ausser der eigenthümlichen Zeichnung durch ihre geringere Grösse. Den wenigen Exemplaren, welche ich besitze, fehlt zwar der Fleck am unteren Theil der Aussenlippe, allein die Form, wie die übrigen Charaktere, bestimmen ihren Platz neben *Rissoa radiata* und *plicatula*.

25. *Rissoa plicatula* Risso.

Taf. II, Fig. 25.

1826. *Alvania plicatula* Risso Mer. p. 143. Fig. 131.

R. testa ovato-elongata, spira conica, acuta; anfractibus 7, duobus vel tribus superioribus laevibus, reliquis plicis latis 12—14 longitudinalibus paullo obliquis; ultimo magno, plicis abbreviatis, basi laevi; apertura ovata, labro varice lato incrassato. Lineae fulvo-coloratae undulatae longitudinales intercostas nonnunquam in individuis bene conservatis videntur.

Schale oval verlängert, mit konisch zugespitztem Gewinde, das aus 7 wenig gewölbten Umgängen besteht, von denen die 2—3 obersten glatt, die übrigen mit breiten etwas schiefstehenden Längsfalten versehen sind. Auf der letzten verhältnissmässig grossen, unten zuweilen knieförmig abgebogenen Windung befinden sich 12—14 flache Falten, die an der unteren Hälfte verschwinden, und zwischen denen öfters auch eine schwache Querstreifung sichtbar ist. Die Mündung ist oval, die Aussenlippe durch einen breiten Wulst verstärkt. Innenlippe ziemlich breit umgeschlagen, ihr unterer Theil vertical und freistehend, eine kleine

Nabelspalte deckend. An wohlerhaltenen Exemplaren bemerkt man zwischen den Rippen wellenförmige Längslinien, welche zuweilen auch, wie bei der *Rissoa interrupta*, unterbrochen sind und dann zwei Spiralen bilden, von welchen eine oben an der Nath, die andere am unteren Theil der letzten Windung sich befindet.

Durchschnittliche Länge 0·23 W. Z. oder 6·3 Millim.
Breite 0·11 „ „ 3 „

Fundorte: Subfossil Nizza, Marseille, Rhodus.

Diese Art unterscheidet sich von der nahe verwandten *Rissoa lineolata* Michaud durch die wenig zahlreichen Rippen, durch die mehr flachen und zuweilen fast kantigen Windungen, so wie durch den äusseren mit einem Wulste verdickten Mundsaum. Eine sehr beachtenswerthe Ähnlichkeit hat diese Art mit der fossilen *Rissoa Lachesis* Bast., welche allerdings kleiner ist, in der Gestalt und Sculptur ihr aber sehr nahe steht.

26. *Rissoa radiata* Philippi.

Taf. II, Fig. 26.

1836. *Rissoa radiata* Phil. Enum. Sic. I. p. 151. T. 10. F. 15.
1838. „ „ Desh. in Lamk. Hist. Nat. p. 475.
1844. „ „ Phil. Enum. Sic. II. p. 128.

R. testa ovato-elongata vel turrita, tenui, hyalina, spira conica, anfractibus 6—7 planiusculis, subplicatis; plicis obtusis 7 in quoque anfractu, in ultimo evanescentibus; apertura ovata; labro simplice interdum subincrassato; colore virescente strigis rufo fulvis longitudinalis distantibus, ad basim ultimi anfractus taenia transversa; labro unimaculato.

Schale oval verlängert oder thurmförmig, dünn, etwas durchscheinend, mit konischem regelmässig zunehmendem Gewinde aus 6—7 wenig gewölbten und schwach gerippten Umgängen bestehend; die Rippen sind flach, ungefähr 7 an der Zahl und auf der letzten Windung kaum mehr sichtbar. Die Mündung ist oval, die Aussenlippe gewöhnlich einfach, zuweilen aber auch schwach verdickt. Die unterscheidenden Merkmale dieser Art beruhen auf ihrer eigenthümlichen farbigen Zeichnung, welche in entfernt stehenden breiten Längslinien besteht, die sich zwischen die Rippen hinziehen und an der Basis der letzten Windung durch eine Querbinde vereinigt werden. Bei manchen Exemplaren sind die Längslinien so entfernt stehend, dass sie nur in der Vertiefung jeder zweiten Rippe zu sehen sind. Die Grundfarbe der Schale ist schmutzig gelb und an der Basis der Aussenlippe befindet sich ein farbiger dunkler Fleck.

Die Länge beträgt 0·154 W. Z. oder 4·2 Millim.
„ Breite „ 0·07 „ „ 2 „

Fundorte: Im Mittelmeer (Sicilien).

Diese seltene Art scheint auf Sicilien beschränkt zu sein, wie die *Rissoa lineolata* Mich. auf die Südküste von Frankreich; wenigstens sind mir für beide bis jetzt noch keine weiteren Fundorte bekannt geworden. Sie sind, obgleich in mancher Hinsicht einander sehr ähnlich, doch durch ihre Form und Zeichnung leicht von einander zu unterscheiden.

Die Beschreibung und Abbildung habe ich nach den Originalexemplaren von Philippi angefertigt, welche sich im Naturaliencabinet von Berlin befinden und welche vollkommen mit einigen Exemplaren übereinstimmten, welche ich durch die Gefälligkeit des Prof. Dunker ebenfalls als angebliche Originalexemplare erhalten habe.

27. *Rissoa lineolata* Michaud.

Taf. II, Fig. 27.

1832. *Rissoa lineolata* Mich. Desc. de Coq. p. 11. F. 13, 14.
1838. „ „ Desh. in Lamk. Hist. Nat. p. 473.

R. testa ovato-elongata, tenui, hyalina, vitrea, spira conica, acuta; anfractibus 7 convexis, duobus superioribus laevibus, reliquis 14—16 plicis longitudinalibus paullo obliquis, ultimo ventricoso, inflato, plicis abbreviatis, basi laevi; Apertura subrotundata, infra subdilatata, labro simplici scindente. Colore pallide flavo vel corneo, lineis longitudinalibus fulvis, in basi nonnunquam flexuosis; labro inferne unimaculato.

Schale dünn, durchscheinend, oval verlängert mit konischem schnell zunehmendem Gewinde; von den 7 gewölbten Windungen sind die beiden obersten glatt, die übrigen mit 14—16 etwas schiefstehenden Längsfalten versehen. Die letzte Windung ist aufgeblasen, die Rippen auf derselben allmählich verschwindend, so dass die Basis immer glatt erscheint. Die Mündung ist fast rund, unten etwas erweitert; die Aussenlippe geschweift, einfach und schneidend.

Die Farbe schwankt zwischen lichtgelb oder hornfarben, und die ganze Oberfläche ist mit feinen gelben zahlreichen Längslinien bedeckt, welche zuweilen am unteren Theil der letzten Windung zickzackartig gebogen sind; an der Aussenlippe befindet sich unten noch ein dunkler Fleck.

Die durchschnittliche Länge beträgt 2·25 W. Z. oder 6·1 Millim.
„ „ Breite „ 1·14 „ „ „ 3·1 „

Fundorte: Häufig an der Südküste von Frankreich, bei Adge, Cette und Marseille.

Herr Michaud war so freundlich, mir Exemplare aller von ihm aufgestellten Rissoen zuzuschicken, die Beschreibung wie die Abbildung dieser Art ist daher nach Originalexemplaren verfasst.

Die letzte bauchige Windung, das dünne Gehäuse und der Mangel eines Varix an der Aussenlippe, vereint mit ihrer beträchtlichen Grösse, lassen sie von allen Rissoen leicht unterscheiden, durch die zahlreichen feinen Längslinien gleicht sie der *Rissoa venusta* Philippi, welche aber durch die Stärke des Gehäuses und die drei charakteristischen Flecken an der Aussenlippe von ihr abweicht.

28. *Rissoa similis* Scacchi.

Taf. III, Fig. 28, 28 *a*.

1836. *Rissoa similis* Scacchi Kat. p. 14. 2. Not. 28.
1843. „ *ornata* Récluz Rev. Zool. Cuv. Soc. p. 6.
1843. „ *ocellata* Forbes Rep. Brit. Assoc. XIII. p. 189.
1844. „ *similis* Phil. Enum. Moll. Sic. II. p. 121. T. 23. F. 5.
1856. „ *apiculata* Danilo et Sandri Elenco. nom. p. 54.

R. testa tenui, pellucida, vitrea; turrito-elongata, anfractibus 6—9 convexis, longitudinaliter costatis; costis 10—14 dorso rotundatis, medio ultimo anfractu evanescentibus; striis transversis tenuissimis punctatis impressis, versus basim valde conspicuis; apertura parva, pro-

ducta, rotundata; labro scindente rarius extus laeviter marginato; colore vitreo-lacteo, peristomate violaceo.

Schale thurmförmig verlängert, dünn, durchscheinend, glänzend, mit 6 — 9 gewölbten Umgängen, welche bis auf die Embryonal-Windungen längsgerippt und mit feinen vertieft punktirten Querstreifen bedeckt sind. Die letzte Windung trägt 10 — 14 gerundete Rippen, die an der unteren Hälfte verschwinden, auf welcher dagegen die Querstreifen deutlicher hervortreten. Die Mündung ist klein, fast rund, etwas vorgezogen; die Aussenlippe scharf, unten etwas zurückstehend, zuweilen schwach verdickt. Die Farbe der Schale ist glas- oder perlmutterartig mit violetter Spitze und Mundsaum. Einzelne sehr grosse Exemplare weisen zuweilen auch zwei braune Querbinden auf.

In der Grösse variirt diese Art ungemein, ohne jedoch dabei ihre übrigen Merkmale zu verändern. Die Dimensionen der grösseren Exemplare betragen

in der Länge 0·18 W. Z. oder 5 Millim.
„ „ Breite 0·07 „ „ „ 2 „

Fundorte: an der Küste von Kleinasien, den Cykladen, Rhodus, Dalmatien, Sicilien, Neapel, Martigues und der Bretagne; häufig. Subfossil: Cypern.

Nebst dieser typischen Form kommt noch eine Varietät mit stärkerem Gehäuse vor (Fig. 2 *a*), welche weniger aber breitere Längsrippen zeigt, deren Gewinde pfriemenartig zugespitzt und deren 5 — 6 obere Windungen glatt und flach sind, die Mündung derselben ist nicht rund, sondern oval verlängert, unten etwas erweitert ausgeschlagen, und die Aussenlippe mit einem starken Wulst verdickt. Diese Varietät, welche nur in Sicilien etwas häufiger getroffen wird, nähert sich in der Form sehr den verlängerten Exemplaren der *Rissoa costulata* Alder und scheint den Übergang zwischen ihr und der *R. similis* zu bilden.

Von dieser Art wie von zwei der oben angeführten Synonymen, nämlich der *Rissoa arata* Récluz und *R. apiculata* Sandri liegen mir Originalexemplare der betreffenden Autoren vor.

29. *Rissoa antiqua* Bonelli.

Taf. III, Fig. 29.

1847. *Rissoa antiqua* Bon. Sism. Syn. meth. p. 31 und p. 35.

R. testa solida, turrito-elongata, anfractibus 7 convexis, 5 inferioribus plicis latis obtusis longitudinalibus et striis punctulatis transversis; sutura subundulata; anfractu ultimo subventricoso, plicis in medio evanescentibus; apertura elongato-ovata; labro superne producto, varice incrassato.

Schale stark, thurmförmig verlängert, mit 7 gewölbten Windungen, von denen die 5 unteren der Länge nach grob gerippt und punktirt quergestreift sind. Die Nath ist nach den Rippen etwas wellenförmig gebogen; die letzte Windung ist bauchig und trägt 12 flache breite und gerundete Rippen, welche auf der unteren Hälfte verschwinden. Die Mündung ist länglich oval; die Aussenlippe oben etwas vorgezogen und durch einen Wulst verdickt.

Die Länge beträgt 0·21 W. Z. oder 5·6 Millim.
„ Breite „ 0·09 „ „ „ 2·3 „

Vorkommen. Fossil in der Subapenninenformation von Asti in Piemont.

Das Exemplar, nach welchem ich die Beschreibung und Zeichnung angefertigt habe. befindet sich in der Sammlung des k. k. Hof-Mineraliencabinets, und ist von Professor Sismonda dahin eingesendet worden.

30. *Rissoa Sulzeriana* Risso.

Taf. III, Fig. 30.

1826. *Alvania Sulzeriana* Risso Hist. Nat. Mer. p. 145. F. 124.
1847. *Rissoa* „ Sismonda Syn. meth. p. 31.

R. testa solida, ovato-elongata, vel turrita, spira conica acuminata; anfractibus 6—7 convexis, 2—3 inferioribus longitudinaliter plicatis, et transversim punctato-striatis; plicis 12—14 in ultimo anfractu permagno latis, abbreviatis; apertura ovata, labro varice incrassato.

Schale stark, oval verlängert oder thurmförmig mit konischem, zugespitztem Gewinde aus 6—7 gewölbten Windungen, von welchen die 2—3 untersten längsgefaltet sind; die letzte Windung ist im Vergleiche gegen die übrigen gross, und trägt 12—14 flache abgekürzte Falten; alle Windungen mit Ausnahme der obersten, sind mit feinen punktirten Querstreifen versehen. Die Mündung ist oval oder rundlich, die Aussenlippe oben etwas vorgezogen mit einem starken Wulste besetzt.

Die durchschnittliche Länge der verlängerten Formen beträgt 0·14 W. Z. oder 0·4 Millim.,
deren Breite 0·065 „ „ 1·9 „
die Länge der kürzeren Formen 0·115 „ „ 3·0 „
deren Breite 0·06 „ „ 1·6 „

Vorkommen: Häufig in der Subapenninenformation von Modena und Siena.

Die ausserordentlich unbestimmten vagen Merkmale dieser Art, so wie ihre ungewöhnliche Veränderlichkeit lassen dieselbe nur sehr schwierig erkennen, und da sie selbst mit Formen aus den entferntesten Gruppen gemeinsame Merkmale aufweist, so wäre ihre Stellung unter den Rissoen kaum zu bestimmen, wenn nicht die vertieft punktirte Querstreifung sie als ein Glied dieser Artengruppe charakterisiren würde. Die grösseren Exemplare gleichen der pliocänen *Rissoa antiqua* Bon., die mittleren der recenten *Rissoa costulata* Alder und *similis* Scacc., und die kürzeren gedrungenen der *Rissoa parva* Da C. oder der miocänen *Rissoa Lachesis*; am nächsen steht sie übrigens der schon erwähnten *Rissoa antiqua*, welche auch in der gleichen Formation vorkommt.

Die von Herrn Sismonda eingesendeten Exemplare stimmen mit Risso's Beschreibung, welche freilich einen ziemlich weiten Spielraum gestattet, gut überein, und da Herrn Prof. Sismonda Originalexemplare von Risso zu Gebote stehen, so habe ich die Beschreibung wie die Abbildung nach ihnen entworfen; für die letztere habe ich eine verlängerte Form, welche zugleich die häufiger vorkommende und typische ist, und eine mehr gedrungene kurze Abänderung gewählt.

31. *Rissoa Clotho* Hörnes.

Taf. III, Fig. 31.

1856. *Rissoa Clotho* Hörn. Moll. d. Wiener Tert. Beck. p. 574. T. 48. F. 20.

R. testa solida, turrita, spira conico-elongata, anfractibus 7 convexis, subangulatis, duobus superioribus laevibus, reliquis costis 12—14 longitudinalibus obliquis paullo sinuatis, in ultimo anfractu abbreviatis, et striis transversis punctulatis subtilissimis, apertura ovata, superne angulata, labro sinuato, ad basim producto varice incrassato.

Schale stark, verlängert, thurmförmig mit konisch zugespitztem Gewinde, das aus 7 gewölbten Windungen besteht. Die beiden obersten sind glatt, die übrigen fast knieförmig gebogen, mit 12—14 etwas schiefstehenden und schwach geschweiften Längsrippen und einer fein punktirten Querstreifung versehen. Am letzten Umgang reichen die Rippen nur wenig über die Mitte hinaus. Die Mündung ist oval im oberen Winkel zugespitzt; die Aussenlippe geschweift, unten etwas vorgezogen und durch einen Wulst verdickt.

Länge 0·14 W. Z. oder 3·8 Millim.
Breite 0·06 „ „ „ 1·6 „

Vorkommen: Fossil im Wiener Becken bei Steinabrunn und in den Neogenschichten von Lapugy und Bujtur in Siebenbürgen.

Diese ziemlich seltene Art weist manche Ähnlichkeiten mit der fossilen *Rissoa Sulzeriana* und einigen Varietäten der recenten *Rissoa subcostulata* Schwartz und *decorata* Philippi auf, eben so gleicht sie der miocänen *Rissoa Lachesis* im hohem Grade. Ihre verlängerte Form, der untere vorgezogene Mundsaum, die geschweifte Aussenlippe, wie die etwas gekielten Windungen sind zwar hinreichende Merkmale sie von der letztern zu unterscheiden, bei den grossen Abänderungen aber, welchen die *Rissoa Lachesis* unterworfen ist, wäre es nicht unmöglich, dass sie eine verlängerte Localvarietät derselben bildete.

32. *Rissoa subcostulata* Schwartz.

Taf. III, Fig. 32 und 32*a*.

1841. *Rissoa costulata* Alder Ann. a Mag. Nat. hist. XIII. p. 324. pl. 8. F. 8, 9.
1853. „ „ Alder Forbes & Hanley Br. Moll. III. p. 103. pl. 77. F. 4, 5.
Non *Rissoa costulata* Risso 1826 = *R. variabilis* Mühlf.

R. testa solida, ovato-elongata vel turrita, spira conica, acuminata, anfractibus 8, superioribus 4—5 laevibus planis, reliquis convexis et plicis 10 elevatis longitudinalibus, anfractu ultimo subventricoso costis abbreviatis ornato vel nonnunquam laevi, striis transversis punctulatis subtilissimis; sutura impressa subundulata, apertura ovata, labro producto varice incrassato; colore sordide flavo vel corneo, apice et peristomate violaceo.

Schale stark, oval verlängert oder thurmförmig mit konischem Gewinde, das in eine feine Spitze ausläuft, und 8 Windungen, deren 4—5 oberste glatt und ziemlich flach, die unteren dagegen gewölbt und mit 10 starken erhabenen, in ihrer Mitte angeschwollenen Längsrippen versehen sind; die letzte Windung ist ziemlich bauchig mit verkürzten Rippen, zuweilen auch glatt. Die feine punktirte Querstreifung ist besonders zwischen den Rippen und an der Basis des letzten Umganges deutlich zu sehen; die Nath ist ziemlich vertieft und nach den Rippen etwas wellenförmig gebogen, die Mündung ist oval, die Aussenlippe geschweift, ziemlich weit vorgezogen und einen Wulst tragend.

Farbe schmutzig gelb oder hornartig, mit dunkelvioletter Spitze und Mundsaum; der Rücken der Rippen wie der Wulst an der Aussenlippe sind immer etwas lichter als die Grundfarbe der ganzen Schale.

Fundorte: Von der englischen Küste längs der Westküste von Frankreich und Spanien bis im mittelländischen Meere häufig.

Die durchschnittliche Länge beträgt 0·17 W. Z. oder 4·7 Millim.
„ „ Breite „ 0·07 „ „ „ 2 „

Die Varietät, welche im Mittelmeere vorkommt, ist mehr verlängert, hat weniger zahlreiche und flachere Rippen und eine weit kleinere, verschmälerte Mündung, auch die Innenlippe ist breiter und umgeschlagen. In der Farbe gleicht sie übrigens gänzlich der typischen Form.

Die durchschnittliche Länge dieser Varietät beträgt 0·205 W. Z., oder 5·5 Millim.
„ „ Breite „ „ „ 0·07 „ „ „ 2 „

Diese Art lässt sich von den englischen Küsten längs der Westküste von Frankreich und Spanien bis in's Mittelmeer verfolgen; sie verändert sich bei dieser Wanderung zwar etwas von der typischen Form der englischen Küsten, indem ihre Schale viel gestreckter wird, ihre Hauptcharaktere aber und ihre Färbung bleiben dieselben, so dass man annehmen muss, dass die kürzere englische Varietät mit der langgestreckten aus dem Mittelmeere eine und dieselbe Art bilden.

Was die Nomenclatur betrifft, so bin ich genöthigt, den bekannten Namen *Rissoa costulata* Alder, den auch Forbes und Hanley in der Voraussetzung beibehalten haben, dass die Alder'sche Art übereinstimmend sei mit der *Rissoa costulata* Risso aus dem Mittelmeere, umzuändern, und ihr einen neuen beizulegen. Die Beschreibung des Herrn Risso, welche, wenn auch kurz, doch bei dieser Art treffend genug ist, um in ihr die von Desmarest im Jahre 1814 beschriebene *Rissoa costata* (die heutige *Rissoa variabilis* Mühlfeld) zu erkennen, ferner die Vergleiche, welche Herr Verany in Nizza auf meine Bitte in der Sammlung des Herrn Risso an Originalexemplaren anstellte, haben mir die Überzeugung verschafft, dass die *Rissoa costulata* Adler eine von *Rissoa costulata* Risso vollkommen verschiedene Art sei und daher jedenfalls einen anderen Namen zu erhalten habe.

Die Beschreibung und die Abbildung der vorstehenden Art ist nach Originalexemplaren aus der Sammlung von Cuming angefertigt.

33. *Rissoa decorata* Philippi.

Taf. III, Fig. 33, 33*a*.

1846. *Rissoa decorata* Phil. Malakozool. Zeitschr. p. 97.

R. testa solida, splendida, turrito-elongata, conice acuminata; anfractibus 8 convexis, suturam versus inferiorem latissimis; costis 12 robustis, elevatis et rotundatis, striis transversalibus subtilissimis puncticulatis notata; apertura parva, subrotundata; labro recto subsinuato extusque varice incrassato; labio angusto, inferne libero; Colore albo-vitreo apice violacea; intercostas lineis longitudinalibus purpureis, apertura fusco-violacea, varice albo.

Das Gehäuse dieser schönen Schnecke ist glänzend, halb durchscheinend, thurmartig, verlängert, konisch zugespitzt mit fast geraden Aussenlinien und acht Windungen, welche die Wölbung mehr an der unteren Hälfte tragen; mit Ausnahme der ersten Embryonalwindungen sind alle mit breiten erhabenen, am Rücken zugerundeten Längsrippen und einer sehr fein vertieft punktirten Querstreifung versehen, welche zwischen den Rippen am deutlichsten ist. Die Rippen, von denen man zwölf auf der letzten Windung zählen kann, sind in ihrer Mitte am erhabensten, verlieren sich aber am unteren Theile der letzten Windung allmählich. Die

Mündung ist klein, fast rund, und nur im oberen Mundwinkel etwas ausgezogen; im unteren der Rand wenig nach aussen erweitert. Aussenlippe gerade, in der Richtung zur Axe unten eher etwas zurücktretend, in der Mitte unmerklich vorgezogen, hinter dem scharfen Rande auf der äusseren Seite einen starken weissen Wulst tragend; Innenlippe schmal, zur Hälfte aufliegend.

Die Farbe ist weiss mit braunen oder rothen starken Längsstreifen zwischen den Rippen; Spitze und Mundsaum violett oder rosenroth; der Mundwulst weiss. Zuweilen theilen sich die Längsstreifen gegen die Nath gabelartig, und verkürzen sich an abgeriebenen gebleichten Exemplaren zu braunen oder röthlichgelben Flämmchen.

Länge 0·185 W. Z. oder 5 Millim.
Breite 0·07 „ „ „ 2 „

Fundort: Mittelländisches und adriatisches Meer; besonders schön gefärbte Exemplare kommen von der Insel Lesina in Dalmatien.

Diese Art steht der *Rissoa variabilis* Mühlf. sehr nahe, doch ist sie leicht durch die farbige Längsstreifung zu unterscheiden, während *R. variabilis* immer nur farbige punktirte Querstreifen oder förmliche Binden trägt; zudem ist die letztere nahezu um das Doppelte grösser.

Die *R. decorata* Phil. ist eine häufig vorkommende Schnecke, welche in den adriatischen Sammlungen gewöhnlich mit dem Namen *Rissoa pulchella* Lanza oder *Rissoa Lanzai* Dunker bezeichnet wird.

Eine schöne Abänderung in der Färbung kommt zuweilen in Dalmatien vor, welche damenbrettartig gefleckt, oder zickzackförmig längsgestreift ist.

34. *Rissoa Guerini* Récluz.

Taf. III, Fig. 34.

1843. *Rissoa Guerini* Récluz Rev. zool. Cuv. Soc. p. 7.

R. testa turrito-elongata, apice acuminata, anfractibus 8 convexis, versus inferiorem convexioribus; costis longitudinalibus obtusis circa 10, et striis transversis punctatis impressis; anfractu ultimo subinflato, saepius laevi; apertura ovata, labro varice incrassato; Colore fusco, lineis longitudinalibus densis fulminatis angulato-flexuosis ornata, apertura et apice violacea.

Schale thurmförmig verlängert, mit zugespitztem Gewinde und acht gewölbten Windungen, deren stärkste Wölbung etwas unter der Hälfte in der Nähe der Nath liegt; dieselben sind der Länge nach mit ungefähr zehn flachen Rippen versehen und zugleich fein quer punktirt gestreift. Die letzte Windung ist etwas aufgeblasen und sehr häufig ohne Längsfalten. Die Mündung ist oval, nicht sehr gross; die Aussenlippe durch einen Wulst verdickt, zuweilen auch einfach.

Die Farbe ist hornartig oder rothbraun mit vielen dunkeln, zickzackförmigen, sehr dicht stehenden Längslinien, die Spitze und Mündung sind dunkelviolett.

Die Länge beträgt 0·21 W. Z. oder 5·8 Millim.
Die Breite „ 0·09 „ „ „ 2·5 „

Fundort: An der Westküste von Frankreich bei Boulogne, Cherbourg, St. Malo.

Diese äusserst seltene Art gleicht in den zickzackartigen Verzierungen und der Färbung den Varietäten der *Rissoa decorata* Philippi aus dem adriatischen Meer; doch scheint mir der Gesammtcharakter der Exemplare, welche ich der Freundlichkeit des Herrn Récluz verdanke, weniger auf eine Varietät, als auf eine wirklich verschiedene Art zu deuten.

Die Abbildung und Beschreibung ist nach jenen Exemplaren angefertigt.

35. *Rissoa variabilis* Mühlfeld.

Taf. III, Fig. 35, 35*a*.

1811. *Rissoa costata* Desmarest in Bull. Phil. p. 7. T. 1. F. 1. 2.
1821. *Turbo variabilis* Mühlf. Berlin Verhandl. Heft IV. p. 212.
1826. *Rissoa costulata* Risso France mer. p. 119.
1826. „ *costata* Desm. Payr. Cat. de Corse. p. 105.
1827. „ „ Defrance in Dict. Soc. Nat. XXXXV. p. 478.
1829. *Turbo Rissoanus* delle Chiaje III. p. 223 und 213.
1832. *Rissoa costata* Desh. Morée Zool. p. 151.
1832. „ „ Desm. Encyclop. Meth. III. p. 888.
1836. „ „ Phil. Enn. Moll. I. p. 157.
1838. „ „ Desh. in Lamk. Hist. Nat. p. 471.
1843. „ *Desmaresti* Récluz Rev. Zool. p. 9.
1844. „ *costata* Phil. En. Moll. Sic. II. p. 123.
1844. „ *variabilis* Mühlf. Middendorf. Mém. Acad. Pétersbourg. p. 370 (pars).

R. testa solida magna, turrita vel turrito-elongata, spira conica, acuta, interdum acuminata; anfractibus 7—9 convexis subangulatis; costis 10—12 elevatis longitudinalibus, et lineis impressis transversis, punctulatis; apertura ovato-elongata superne rotundata, infra expansa; labro extus et intus varice incrassato; labio ad basim libero; Colore variabili, uniformi albido, vel bruneo, lineis obscuris transversis, punctulatis, non raro etiam ad basim fascia obscura ornata, peristomate violaceo.

Schale stark, verhältnissmässig gross, thurmförmig verlängert oder lang gestreckt mit spitzem, zuweilen pfriemenartigem Gewinde, und 7—9 stark gewölbten, knieförmig abgebogenen Windungen. Ausser den 2—3 Embryonalwindungen, sind die übrigen mit 10—12 kräftigen, in der Mitte stark erhabenen Längsrippen versehen. Die ganze Schale ist mit feinen punktirten Querlinien bedeckt; die Mündung ist oval verlängert, der obere Winkel zugerundet, der untere bogenförmig erweitert. Die Aussenlippe von aussen, zuweilen auch von innen mit einem starken Wulst verdickt; die Innenlippe steht unten frei und ist ausgeschlagen, ohne jedoch eine Nabelspalte zu bilden. Farbe sehr veränderlich, entweder einfärbig weiss, mit röthlich punktirten Querlinien oder lichtbraun mit dunkleren Querlinien, zuweilen auch unten mit einer farbigen Querbinde versehen. Der ganze Mundsaum violett gefärbt.

Die gewöhnliche Länge ist 0·34 W. Z. oder 9·1 Millim.
„ „ Breite „ 0·125 „ „ „ 3·4 „

Fundort: Im Mittelmeer überall sehr häufig, eben so im adriatischen Meere, jedoch etwas kürzer in der Gestalt. Subfossil in Rhodus, Sicilien, Nizza.

Diese sehr schöne aber in Gestalt und Farbe sehr veränderliche Art kommt in folgenden Abänderungen vor. Entweder ist die Schale ganz weiss und opalisirend, oder weiss mit zahlreichen Querreihen von gelbrothen Punkten oder zusammenhängenden Querstreifen; zuweilen auch licht hornfarben mit braunen Querstreifen, oder ganz braun mit noch dunkleren

Spiralstreifen. An allen ist mehr oder weniger eine Spiralbinde am unteren Theil der letzten Windung zu bemerken, doch ist dieselbe nur in seltenen Fällen vollkommen ausgebildet, und alsdann sehr schön violett gefärbt. Ausnahmsweise kommen wohl auch noch Exemplare vor, welche zwischen den Rippen geflammt sind, dann aber keine farbige Spiralstreifung besitzen. Bei allen Abänderungen ist übrigens die intensiv violette Färbung des ganzen Mundsaumes charakteristisch.

Die *Rissoa variabilis* nimmt eine vermittelnde Stellung zwischen der vorhergehenden Artengruppe und der folgenden ein, sie ist nach beiden Richtungen hin mit den ihr zunächst stehenden Arten nahe verwandt und neigt sich in einzelnen Formen manchmal mehr zur *Rissoa decorata* und *subcostulata*, in anderen wieder mehr zur *Rissoa ventricosa* und *splendida*. Vermöge ihrer bedeutenden Grösse und der Farbenpracht, mit welcher sie ausgestattet ist, nimmt sie unter allen Rissoen den ersten Platz ein. Sie ist auch die am häufigsten vorkommende und wahrscheinlich auch die am längsten bekannte Art aus dieser Gattung; denn wenn wir ihre Auffindung nicht über das Jahr 1813 mit Bestimmtheit hinaus verfolgen können, so zeigt dies nur von der Mangelhaftigkeit der früheren Diagnosen, welche eine sichere Deutung unmöglich machen.

Der älteste Name, welcher für diese Art aufgestellt wurde, ist jedenfalls jener von Desmarest, welcher sie im Jahre 1814 im Bulletin Philomatique p. 7. Tab. 1, Fig. 1 und 2 zuerst als *Rissoa costata* ausführlich beschrieb und abbildete. Später wurde einer anderen *Rissoa*, welche Linné *Turbo costatus* genannt hatte, die Priorität des Namens zuerkannt, und für die *costata* Desmarest der Name *Rissoa variabilis* Mühlfeld angenommen. Obgleich nun die Art von Linné in die Gattung *Alvania* fällt, und daher der Name *costata* aufrecht erhalten werden könnte, so habe ich mich dennoch nicht entschliessen können, den so allgemein angenommenen und in allen Sammlungen eingebürgerten Namen *variabilis* nochmals umzuändern.

Ich habe eine grössere Anzahl von Thieren der *Rissoa variabilis* aus verschiedenen Fundorten untersucht, und keine bemerkenswerthen Merkmale aufgefunden; selbst die charakteristischen Zeichnungen auf dem Kopfe scheinen zu fehlen, und man kann höchstens einen etwas dunkleren Fleck auf der Mitte des Kopfes entdecken. Wollte man nach einer Ableitung dieser Art von einem fossilen Vorläufer suchen, so dürfte dies am ehestens zu der miocänen *Rissoa turricula* Eichwald führen. Es lassen sich von der letztern Exemplare zusammenstellen, welche der verkürzten Varietät der *R. variabilis* nicht nur in der Form vollkommen gleichen, sondern einige derselben zeigen selbst noch Spuren einer ganz ähnlichen farbigen Spiralstreifung.

36. *Rissoa ventricosa* Desmarest.

Taf. III, Fig. 36.

1814. *Rissoa ventricosa* Desm. Bull. Soc. Phil. p. 7. T. 1. F. 2.
1826. „ „ Payr. Cat. de Corse. p. 109.
1826. „ „ Risso Merid. p. 118.
1827. „ „ Defr. Dict. d. Soc. Nat. Bd. 45. p. 478.
1832. „ „ Desh. Mor. Zool. p. 151.
1836. „ „ Phil. Enum. Sic. I. p. 149.
1838. „ „ Desh. in Lam. Hist. Nat. p. 472.
1842. „ *subventricosa* Cantr. Bull. Acad. Brux. p. 348.
1844. „ *ventricosa* Phil. Enum. Sic. II. p. 124.

Non *Rissoa ventricosa* Macgill = *Hydrobia ventrosa* Montg.

R. testa solida, ovata oblonga, spira conica, acuminata, anfractibus 8 planiusculis, infra versus suturam convexioribus, celeriter crescentibus; costis circa 12 latis, paullo elevatis, anfractu ultimo permagno, ventricoso, costis abbreviatis et striis subtilissimis punctulatis transversis, apertura magna, ovato-elongata, superne expanso-rotundata; labro repando, intus et extus varice incrassato; colore corneo, vel virescente, peristomate rufo, varice albo.

Schale stark, oval verlängert, mit konisch zugespitztem Gewinde, das aus acht sehr schwach gewölbten Windungen besteht, welche unten gegen die Nath zu etwas stärker aufgetrieben sind und sehr rasch an Grösse zunehmen. Mit Ausnahme der Embryonalwindungen sind dieselben mit flachen, wenig erhabenen Längsrippen bedeckt; die letzte Windung ist sehr gross, bauchig, mit verkürzten Längsrippen, zwischen welchen meistens eine feine punktirte Querstreifung bemerkbar ist, die am unteren Theile zunächst der Mündung immer deutlich zu sehen ist. Eine Eigenthümlichkeit der letzten Windung ist, dass sie nicht schnell gegen die Spindel abfällt, sondern in einem sanften Bogen bis an die Basis der Mündung zuläuft. Die Mündung ist gross, oval verlängert, im oberen Winkel zugerundet. Die Aussenlippe ist oben sehr vorgezogen, unten daher hinter der Mittellinie zurückstehend, ausgebreitet, und aussen einen Wulst tragend, der durch die Schale durchgreift und innen im Schlund ebenfalls eine wulstartige Verdickung bildet, welche an ihrem oberen Theil zuweilen mit einem verdickten Knötchen endet; die Innenlippe ist schmal und überall aufliegend.

Die Farbe der Schale ist hornartig oder grünlich, der Mundsaum gelbbraun gefärbt, um den Wulst weiss; hinter demselben und mit ihm gleich laufend ist bei den meisten Exemplaren noch eine zweite färbige Längslinie zu sehen.

Durchschnittliche Länge 0·304 W. Z. oder 8·1 Millim.
„ Breite 0·15 „ „ „ 3·8 „

Fundorte: Im Mittelmeere, Rhodus, Sicilien, Neapel, Ostia, Corsica, Nizza, Marseille. Subfossil Rhodus, Sicilien, Nizza.

Das Thier dieser überall sehr häufig vorkommenden Art zeigt einige kleine Verschiedenheiten in einzelnen Organen; die Schnauze ist etwas weniger vorgestreckt, und vorne nicht gerade abgestutzt, sondern durch die beiden Seitentheile neben der Mundspalte vollkommen zugerundet, ferner sind die Fühler länger als jene der *Rissoa parva*, sie sind an ihrer Basis im Verhältniss zu den anderen Rissoen dicker, und verschmälern sich gegen die stumpfe Spitze zu; der Saum des Mantels ist mit einer schwärzlichen Färbung eingefasst. Im übrigen ist das Thier lichtgelblich, mit einem etwas dunkleren Kopf und Kopfstreifen.

37. *Rissoa splendida* Eichwald.

Taf. III, Fig. 37.

1830. *Rissoa splendida* Eichw. Nat. Hist. Skizze I. p. 219.
1830. „ *violacestoma* Krinitzki Bull. Soc. Nat. de Mosk. II. p. 60.
1846. „ *ornata* Phil. Zeitschr. Malakozool. p. 97.
1849. „ *splendida* Eichw. Mém. Acad. Pétersb. p. 370.
1853. „ „ Eichw. Leth. Ross. p. 266.

R. testa solida, splendida, hyalina, ovata, spira conica, acuta, anfractibus 6—7 convexiusculis, costis 14 planis raro striis transversalibus obtectis, costis in ultimo anfractu ventricoso abbre-

viatis; apertura suborbiculari, superne rotundata; labro obliquo, infra valde resupinato, extus et intus incrassato; labio late reflexo; colore albo, punctis rufis subtilibus regulariter dispositis ornata, apice et peristomate violaceis.

Das Gehäuse ist mässig stark, glänzend, wenig durchscheinend, oval mit konisch gespitztem Gewinde und 6 — 7 schnell zunehmenden, mässig gewölbten Windungen, welche durch eine seichte Nath getrennt werden. Die ersten Embryonalwindungen sind glatt, die folgenden mit Längsrippen versehen, von welchen man auf dem letzten bauchigen Umgang 12 — 14 zählt, sie sind flach, etwas geschweift und verschwinden ungefähr auf der Hälfte der letzten Windung. Querstreifen sind nur an vereinzelten Exemplaren zu bemerken und dann nur äusserst schwach zwischen den Rippen der letzten Windung. Die Mündung ist fast rund, im oberen Winkel stark zugerundet, im unteren bogenförmig und etwas nach aussen erweitert; Aussenlippe schief, unten hinter der Mittellinie der Schale stark zurücktretend, an der Aussenseite hinter dem Rande mit einem Wulste verdickt, welcher meistens so stark ist, dass er die Dicke der Schale durchdringt und innen den Schlund etwas verengt; die Innenlippe ziemlich breit umgeschlagen und etwas geschweift.

Die Farbe dieser Schale ist milchweiss; zuweilen opalisirend, mit rosenrother oder violetter Spitze und Mundsaum; ihre Oberfläche ist mit rostgelben Punkten dicht bestreut. Wenn man die gelbbraunen Pünktchen, welche die ganze Oberfläche bedecken, untersucht, so sieht man, dass ihrer Vertheilung eine gewisse Regelmässigkeit zu Grunde liegt, man kann nämlich Reihen von ihnen in der Richtung der spiralen Querstreifen und eben so in der der Längsrippen verfolgen.

Manche Exemplare zeigen die Windungen mehr gegen unten gewölbt und nehmen dann eine verkürztere konische Gestalt an, deren letzte Windung etwas knieartig abgebogen erscheint.

Länge 0·20 W. Z. oder 5·4 Millim.
Breite 0·095 „ „ „ 2·6 „

Fundort: Im schwarzen und adriatischen Meere; nicht selten.

38. *Rissoa turricula* Eichwald.

Taf. III, Fig. 38.

1830. *Rissoa turricula* Eichw. Nat. Hist. Skiz. p. 218 (pars).
1835. „ *costata* Andrz. Bull. Soc. geol. p. 321.
1838. „ *Koppii* Desh. in Lamk. Hist. Nat. III. p. 439.
1853. „ *turricula* Eichw. Leth. Ross. p. 267. T. X. F. 9 (pars).

Non *Rissoa turricula* d'Orb. = *Keilostoma turricula* Desh.

R. testa ovata, spira conica, acuminata, anfractibus 7 celeriter crescentibus, convexis, subangulatis; costis 12 — 14 longitudinalibus obliquis in mediis anfractibus inflatis paullo sinuatis et striis tenuissimis puncticulatis transversis; anfractu ultimo magno, lato; apertura ovata labro recto, intus et extus varice incrassato, columella subtruncata.

Schale oval, mit konisch zugespitztem Gewinde, und 7 schnell an Grösse zunehmenden, stark gewölbten und knieförmig abgebogenen, fast kielartigen Umgängen; die 2—3 obersten Embryonalwindungen sind glatt, die übrigen mit schiefstehenden, in ihrer Mitte angeschwollenen und etwas geschweiften Längsfalten, und einer feinen punktirten Querstreifung versehen; der letzte Umgang ist bedeutend vergrössert, und trägt 12—14 nach unten hin verschwindende Falten.

Die Mündung ist oval im oberen Winkel zugerundet, unten etwas ausgebreitet; die Aussenlippe ist aufrecht, unten etwas vorgezogen und mit einem starken Wulst aussen und innen verdickt; die Spindel zeigt unten eine schwache faltenartige Abbiegung.

Fundorte: Fossil (miocän) Podolien (Szukowze, Salisze, Alt-Potschaieff), Galizien (Holubica), Ofen in Ungarn.

Länge: 0·22 W. Z. oder 6 Millim.
Breite: 0·11 „ „ „ 3 „

Obgleich diese Art leicht erkennbar ist, herrscht doch einige Ungewissheit, indem die eingeschickten Originalexemplare von Eichwald, welche ich der obigen Beschreibung und Abbildung zu Grunde legte, durchaus nicht mit seiner eigenen Beschreibung und auch nicht mit der *Melania Roppii* von Dubois, welche Eichwald als Synonym seiner Art aufführt, übereinstimmen. Die Beschreibung seiner *Rissoa turricula*, mehr aber noch jene der *Melania Roppii* von Dubois, scheinen für eine nur in Brakwasserschichten vorkommende Art, mit sehr dünnem Gehäuse und schneidendem Mundsaume zu gelten, während doch die zahlreichen Exemplare, welche aus den oben angeführten Fundorten mit dem Namen *Rissoa turricula* von Eichwald eingeschickt wurden, immer starke kreiselförmige Formen mit bedeutend verdicktem Mundsaume sind, welche, so weit mir bekannt, nie in brakischen Ablagerungen vorkommen. Es scheint mir in diesem kritischen Falle erlaubt, für die starken, allgemein als *Rissoa turricula* anerkannten Formen den Eichwald'schen Namen beizubehalten und jene brakischen dünnen Formen, welche Eichwald als Varietäten seiner *turricula* ansieht, auf eine Art zu verweisen, welche Andrzejowsky *Rissoa inflata* benannte, und welche offenbar identisch ist mit der *Melania Roppi* Dubois.

Deshayes beschreibt diese Eichwald'sche Art ebenfalls nach Originalexemplaren; seine Beschreibung stimmt vollkommen mit der unseren überein, und man sieht aus ihr, dass er ganz dieselben starken Formen vor Augen hatte, nur nahm er den Namen *Rissoa Roppi* Dubois an. Deshayes erwähnt auch der Ähnlichkeit mit der recenten *Rissoa costata* Desmarest (*variabilis* Mühlfeld), deren kurze und gedrungene Exemplare ihr in Wirklichkeit sehr nahe kommen.

Im k. k. Hof-Mineraliencabinete befindet sich ein fossiles Exemplar aus Bujtur, an welchem einige färbige Querlinien sichtbar sind, die sonst nur noch an der *Rissoa variabilis* zu finden sind.

In der Sammlung des Herrn Deshayes in Paris befinden sich die Originalexemplare von Andrzejowski; an diesen habe ich mir die Überzeugung verschafft, dass die *Rissoa costata* Andrz. mit der *Rissoa turricula* Eichw. ein und dieselbe Art bilden. Auch die *Rissoa turbinea* Andrz. ist wahrscheinlich nur eine Abänderung derselben.

39. *Rissoa turbinata* Lamarck.

Taf. III, Fig. 39.

1804. *Bulimus turbinatus* Lam. Ann. du Mus. p. 295.
1817. „ „ Defr. Dict. des Sc. Nat. V. p. 124.
1822. „ „ Lam. Anim. s. vert. VII. p. 537.

1824. *Turbo plicatus* Desh. Coq. foss. Par. p. 261. T. 34. F. 12.
1827. *Bulimus turbinatus* Lam. Dict. des Sc. Nat. XXXXV. p. 480.
1836. *Rissoa Michaudi* Nyst. Coq. foss. (Limburg) p. 22. T. 3. F. 55.
1838. „ *plicata* Desh. in Lam. Hist. Nat. p. 478.
1838. „ *Michaudi* Pot. et Mich. Gall. p. 272.
1843. „ „ Nyst. Coq. foss. de Belgique. p. 417. pl. 37.
1848. „ *plicata* Bronn. Index Pal. p. 1093.
1848. „ *turbinata* Bronn. Index Pal. p. 1094.
1852. „ *plicata* d'Orb. Prodr. III. p. 3.
1858. „ *Michaudi* Sandberger Mainz. Beck. p. 128. T. X. F. 12.
1862. „ *turbinata* Desh. Bass. de l'ar. p. 405.

R. testa solida, ovata, turbinata, spira conica; anfractibus 6—7 planiusculis, longitudinaliter 12—16 plicatis et transversim punctato striatis; plicis elevatis, paullo flexuosis in anfractu ultimo ventricoso evanescentibus; sutura subundulata; apertura ovata vel subquadrata, superne rotundata, labro varice extus et intus incrassato, intus varice bidentato; labio sinuato, reflexo; columella arcuata.

Schale sehr stark, eiförmig, mit konischem Gewinde und 6—7 schwachgewölbten Windungen, welche ungefähr 12—16 erhabene rundrückige, wenig geschweifte Längsrippen tragen, die an der untern Hälfte der letzten Windung allmählich verschwinden; zwischen den Rippen befinden sich vertieft punktirte Querstreifen, welche gegen die Mündung zu mehr hervortreten. Die Nath ist durch die Rippen etwas wellenförmig gebogen. Die Mündung ist rundlich, im oberen Winkel ein stumpfes Eck bildend; die Aussenlippe unten zurücktretend, aussen und innen stark verdickt; die Innenlippe ziemlich breit, geschweift und aufliegend. Die Spindel ist in der Mitte stark eingedrückt, wodurch die Mündung eine etwas viereckige Form erhält. Als besonderes und beständiges Merkmal erscheint bei dieser Art an der Innenseite der Aussenlippe, an der Stelle, an welcher aussen der Wulst läuft, ebenfalls eine wulstartige Verdickung, welche am oberen und unteren Ende durch ein erhöhtes Knötchen begrenzt wird, und den Schlund verengt.

Länge 0·213 W. Z. oder 5·7 Millim.
Breite 0·112 „ „ „ 3·2 „

Doch kommt sie genau mit denselben Merkmalen auch um die Hälfte kleiner vor.

Fundorte: In den oligocänen Ablagerungen des Mainzer Beckens (Weinheim, Waldböckelheim, Kaufungen bei Cassel); in Belgien (Klein-Spauwen, Herdern, Lethen, Vieux-Joue); im Pariser Becken (Morigny, Jeurre, Versailles, Ormoy).

Diese ziemlich häufig vorkommende Schnecke hat unter den jetzt lebenden Rissoen mehrere stellvertretende Arten in der *Rissoa lilacina*, *splendida*, *violacea* und *rufilabrum* aufzuweisen. Alle tragen ein Reihe gemeinschaftlicher Eigenschaften und bilden eine kleine Gruppe, welche durch die innere Verdickung der Aussenlippe ausgezeichnet ist.

Nach Originalexemplaren von Herrn Deshayes und Nyst abgebildet und beschrieben.

40. Rissoa lilacina Récluz.

1821. *Turbo violaceus* Mühlfeld Berl. Verhandl. I. p. 213.
1843. *Rissoa lilacina* Récl. Rev. Zool. Cuv. Soc. p. 6.

Non *Rissoa violacea* Desmar. 1814.

R. testa solida, ovato-conica, crassiuscula, porcellanica, nitida, apice obtusa; anfractibus 5—6, supremis planis, laevigatis, duobus inferioribus convexiusculis, longitudinaliter costatis, ultimo obsolete costato et striis impressis punctulatis transversis dense notato, apertura subquadrata vel oblonga, angulo superiore rotundato, labro obliquo, inferne resupinato, extus et intus varice valde incrassato: labio versus basim reflexo. Colore lilacino apice brunea, varice albo et zona longitudinali aurantia notata.

Schale sehr stark und dick, porzellanartig, glänzend, eiförmig, konisch mit rasch zunehmendem Gewinde, stumpfer Spitze und 5—6 wenig gewölbten Windungen. Die drei oberen derselben sind platt, die unteren mit 14 flachen, etwas geschweiften Längsrippen versehen, welche am unteren Theil der letzten Windung ganz aufhören; zwischen ihnen sind undeutliche Querstreifen sichtbar. Die letzte Windung ist gross, durch entfernte eingedrückte Pünktchen regelmässig linirt, welche, unter einer starken Vergrösserung betrachtet, sich als quadratische Grübchen herausstellen. Die Mündung oval, fast rund, im oberen Winkel zugerundet, unten mässig erweitert und ausgebreitet.

Äusserer Mundsaum wenig geschweift, in der Richtung nach unten zurücktretend, aussen durch einen starken und breiten Wulst verdickt, der an der Innenseite eine Erhöhung mit 2 abgerundeten Endknötchen bildet, und dadurch den Schlund der Schale verengt. Innenlippe breit, etwas geschweift und aufliegend; Spindelrand schief, in der Mitte eingedrückt, wodurch die Mündung ein etwas quadratisches Aussehen erhält.

Länge 0·18 W. Z. oder 5 Millim.
Breite 0·05 „ „ „ 3 „

Fundort: Nur an der Westküste von Frankreich.

Forbes und Hanley führen diese Art als wahrscheinlich identisch mit *Rissoa rufilabrum* Alder an und es ist nicht zu läugnen, dass die Beschreibung in den British Moll. sich auf beide anwenden lässt; wenn man aber die Exemplare selbst mit einander vergleicht, so ist der Unterschied so bedeutend, dass sie keinesfalls als Varietät der *Rissoa rufilabrum* noch irgend einer andern Art angesehen werden kann.

Die *Rissoa lilacina* Récluz steht unter allen Arten der oligocänen *R. turbinata* am nächsten, sie hat mit dieser die gedrungene dicke Schale, die Verdickung der Aussenlippe und die dadurch bedingte Verengung des Schlundes gemeinsam. Die Unterscheidung beider Arten macht jedoch keine Schwierigkeiten, wie ein Blick auf die Figuren zeigt.

Nach Originalexemplaren von Herrn Récluz beschrieben und abgebildet.

41. *Rissoa rufilabrum* Leach.

Taf. II. Fig 41.

1815. *Persephona rufilabris* Leach. Synopsis (Manuscr.).
1841. *Cingula parva* var. Thorpe. Br. Mar. Conch. p. XXXX. F. 46.
1844. *Rissoa rufilabrum* Alder. Ann. Nat. Hist. XIII. p. 325. T. 8. F. 10. 11.
1852. *Persephona rufilabris* Leach. Synopsis. p. 189.
1853. *Rissoa rufilabrum* Forb. und Hanley Br. Moll. III. p. 106. T. 77, F. 8, 9.

R. testa ovata, spira conica acuminata, anfractibus 6—7 convexiusculis, 4—5 superioribus laevibus, ultimo plicis abbreviatis, punctalis impressis transversis lineatis. Apertura ovata, infra subdilatata, labro valde incrassato, labio reflexo adnato; colore corneo vel virescente, labro rufo, varice albo.

Schale oval mit konischem zugespitztem Gewinde und 6—7 schwach gewölbten Windungen, von welchen die 4 oder 5 oberen glatt sind; die vorletzte und die letzte tragen ungefähr

12—14 etwas schiefstehende Längsrippen; die letzte Windung ist an ihrem unteren Theile glatt und zeigt zwischen den Rippen eine feine vertieft punktirte Querstreifung. Die Mündung ist oval, unten etwas erweitert; die Aussenlippe mit einem starken Wulst verdickt; die Innenlippe an dem Theile, der auf der letzten Windung anliegt, breit umgeschlagen. Die Farbe ist entweder hornartig oder schmutzig grün, die Mündung und ein Theil des Wulstes längs der Aussenlippe rothbraun gefärbt, der Rücken des Wulstes weiss.

Länge 0·17 W. Z. oder 4·7 Millim.
Breite 0·08 „ „ „ 2·3 „

Fundort: An den Küsten von England, Schottland und Irland, nicht sehr häufig; meist auf *Zostera* sitzend.

Die Beobachtungen, welche ich an den Thieren dieser Art angestellt habe, stimmen vollkommen mit denen von Alder überein. Die Zeichnung des Kopfes bietet sehr bestimmte Anhaltspunkte für die Erkennung dieser Art, welche jedoch in der Beschreibung von Alder sowohl als auch von Forbes und Hanley nicht deutlich genug hervorgehoben sind. Der obere Theil des Kopfes ist nämlich mit zwei intensiven, schwarzbraunen, seitlichen Längslinien bezeichnet, welche sich bis zu den vorne zugerundeten Seitenlappen des Rüssels fortziehen, und dort verschwinden, in der Gegend der Augen aber durch ein breites Querband verbunden sind; eben so sind auch die Leisten zu beiden Seiten des Fusses schwarzbraun eingefasst.

Dem Gehäuse nach steht diese Art zwischen der *Rissoa violacea* Desm. und der *Rissoa porifera* Lovèn, einige Exemplare nähern sich übrigens auch der *Rissoa lilacina* Récluz. Von der *Rissoa violacea* und *lilacina* ist sie durch die geringere Stärke des Gehäuses, und durch die weniger lebhafte Färbung, besonders aber durch die sehr markirte Zeichnung auf dem Kopfe des Thieres sehr wohl zu unterscheiden; die *Rissoa porifera* dagegen unterscheidet sich durch abweichende Schalenverzierung.

Die Abbildung und Beschreibung sind nach Originalexemplaren von Prof. Hanley ausgeführt.

42. *Rissoa violacea* Desmarest.

Taf. III, Fig. 42.

1814. *Rissoa violacea* Desm. Bull. Soc. Phyl. p. 8. T. 1. F. 7.
1826. „ „ Risso Mer. IV. p. 120. F. 58.
1827. „ „ Defr. Dict. d. hist. Nat. Bd. 45. p. 478.
1828. „ „ Desh. in Lamk. Hist. Nat. p. 475.
1829. „ „ delle Chiaje III. p. 224. T. 81. F. 9—10.
1832. „ „ Desh. Morée Zool. p. 151.
1836. „ „ Phil. Enum. Moll. Sic. I. p. 150.
1838. „ *punctata* Pot. et Mich. Gall. p. 274. pl. 28. F. 3, 4.
1844. „ *violacea* Phil. Enum. Moll. Sic. II. p. 124.

R. testa solida, ovato-elongata, spira conica, acuminata; anfractibus 8; superioribus 5, laevibus penultimo et ultimo decem plicatis, ultimo plicis abbreviatis et punctulis impressis transversis ornato; Apertura ovata, labro valde incrassato; labio reflexo; colore albo, zona violacea in mediis anfractibus, peristomate violaceo, varice albo, linea longitudinali aurea.

Schale stark, eiförmig verlängert, mit konischem Gewinde, das in eine feine Spitze ausläuft, und 8 flachen Windungen, von welchen die 5 oder 6 oberen glatt, und nur die vorletzte und die obere Hälfte der letzten, oder auch nur die letzte ganz allein mit 10 flachen und breiten Längsrippen versehen sind; die Oberfläche der Schale ist sehr deutlich vertieft punktirt gestreift. Die Nath kaum sichtbar. Mündung oval, im oberen Winkel zugerundet, unten erweitert; Aussenlippe unten etwas zurücktretend, aussen mit einem starken und breiten Wulst verdickt. Der Theil der Innenlippe, welcher auf der letzten Windung aufliegt, ist breit umgeschlagen, und die Spindel etwas eingedrückt. Die Grundfarbe ist licht mit einer violetten Querbinde auf der Mitte der Windungen, welche an den oberen ganz schwarz anfängt und allmählich in's Dunkelbraune oder Violette übergeht, an den unteren Windungen immer breiter und lichter wird, so dass sie auf der letzten Windung nur mehr licht violett oder röthlich erscheint; der Mundsaum ist dunkelviolett und der äussere Wulst weiss, durch orangegelben Längsstreifen begrenzt.

Die durchschnittliche Länge beträgt 0·2 W. Z. oder 5·3 Millim.
die Breite 0·087 „ „ „ 2·4 „

Doch findet man auch eine kleinere Varietät, welche um ein Drittel weniger misst.

Fundorte: Im Mittelmeere, Rhodus, Cypern, Sicilien, Neapel, Dalmatien, Nizza, Marseille, häufig.

Subfossil: Rhodus, Sicilien, Nizza.

Die Thiere dieser Art haben den Rüssel nicht sehr vorgezogen, vorne verschmälert, und durch eine tiefe Mundspalte in zwei seitliche abgerundete Lappen getrennt; die Fühler sind lang, vorn dünner und abgerundet. Die farbige Zeichnung auf dem Kopfe fehlt fast ganz, und durch dies letzte Merkmal lässt sie sich auch leicht von den Thieren der *Rissoa rufilabrum* unterscheiden.

43. *Rissoa porifera* Lovèn.

Taf. III, Fig. 43.

1846. *Rissoa porifera* Lovèn Index Moll. Scand. p. 21.

R. testa tenui, laevi, hyalina, ovata, spira conica, acuta, anfractibus 6 convexiusculis punctis impressis subtilibus regulariter dispositis, in anfractu ultimo inflato maxime conspicuis ornatis; apertura magna, ovata, labro scindente, leviter incrassato. Colore corneo vel pallide flavo, apice et peristomate interdum rubescente.

Schale dünn, glatt, durscheinend, oval mit konischem Gewinde und 6 gewölbten Umgängen, die mit feinen, regelmässig vertheilten, vertieften Pünktchen bedeckt sind; die Mündung ist gross und oval; die Aussenlippe gerade, schneidend, zuweilen einen schwachen Wulst tragend; Innenlippe schmal und schwach umgeschlagen. Farbe blassgelb oder licht hornartig; Spitze und Mundsaum zuweilen röthlich angelaufen.

Länge 0·144 W. Z. oder 4 Millim.
Breite 0·074 „ „ 2 „

Fundort: Im Kattegat, und nach Lovèn auch in Bergen.

Trotz der abweichenden Merkmale dieser Art, die besonders in dem dünnen gebrechlichen Gehäuse, der auffallend weiten Mündung und dem fast einfachen, schneidenden Mundsaum liegen, Eigenschaften, die sie nur mit wenig andern, nordischen Rissoen-Arten theilt, gehört dieselbe doch in die nächste Verwandtschaft der *Rissoa rufilabrum* und *Rissoa violacea*. Sie trägt, wenn auch nur angedeutet, die charakteristischen Merkmale dieser Arten noch deutlich an sich, und man sieht die feine Punktirung der Oberfläche der Schale, und den Ansatz zu einem Wulst mit der farbigen Linie an der Aussenlippe noch ausgesprochen genug an ihr, um die Verwandtschaft deutlich zu erkennen.

Die Original-Exemplare habe ich durch die Güte des Professors Lovèn erhalten.

44. *Rissoa inflata* Andrzejowski.

Taf. IV, Fig. 44.

1830. *Rissoa turricula* Eichw. Nat. Hist. Skizze. p. 218 (pars).
1831. *Melania Roppii* Dub. Con. fos. Podol. p. 45.
1835. *Rissoa inflata* Andrz. Bull. Soc. Géol. p. 321.
1835. „ *semicostata* Andrz. Bull. Soc. Géol. p. 321.
1848. „ *tenuis* Partsch in Hörnes Verz. p. 23.
1852. „ *Roppii* d'Orb. Prodr. III. p. 29.
1853. „ *turricula* Eichw. Leth. Ross. p. 267. T. 10. F. 9 (pars).
1856. „ *inflata* Hörnes foss. Moll. Wiener Beck. p. 576. T. 48. F. 22.

R. testa tenui, subumbilicata, ovata, spira conica, anfractibus 5—6 convexis, valde crescentibus, duobus vel tribus superioribus laevibus, reliquis 12—18 costis longitudinalibus flexuosis, obliquis, nonnunquam etiam striis subtilissimis transversis; anfractu ultimo inflato, costis ad basim evanescentibus; apertura subrotundata, superne angulata; labro simplice, scindente; labio infra reflexo.

Schale dünn, eiförmig mit konischem Gewinde, das aus 5 bis 6 stark convexen Windungen besteht, von welchen die 2 oder 3 obersten glatt, die untern mit 12—18 sehr geschweiften und in der Mitte der Windungen etwas angeschwollenen schief stehenden Längsrippen, und zuweilen mit sehr feiner Querstreifung versehen sind, die letzte Windung ist aufgeblasen und breit, ihre Rippen verschwinden in der unteren Hälfte; die Mündung ist fast rund, im oberen Winkel stumpf, die Aussenlippe geschweift, unten etwas vorgezogen, einfach schneidend, ohne Wulst; Innenlippe unten ziemlich stark umgeschlagen und zuweilen eine kleine Nabelspalte bildend.

Von dieser Art kommen zwei wohl charakterisirte Abänderungen vor.

Die eine, deren Windungen etwas knieförmig abgebogen sind, trägt 10—11 in der Mitte sehr ausgebildete, gegen die Näthe aber abnehmende, erhabene Längsrippen.

Die zweite hat 5 sehr stark gewölbte und runde Windungen, welche ungefähr 16—18 schmale, wenig erhabene Längsrippen tragen, über oder zwischen welchen eine feine aber deutliche Querstreifung hinlauft.

Ihre Grösse ist sehr veränderlich, und man findet von der ersten Abänderung mit wenig Falten, nicht selten Exemplare

von der Länge von 0·272 W. Z. oder 7·3 Millim.
und der Breite 0·14 „ „ „ 3·8 „

Doch finden sich auch sehr häufig im gleichen Fundort von der grössten angefangen alle Dimensionen herab bis auf 1 Millim.

Vorkommen fossil: Nur in Brakwasserbildungen, gewöhnlich in Gemeinschaft mit Paludinen.

Fundorte: In den miocänen Ablagerungen des Wiener Beckens (Wien, Hernals, Ottakring, Oberdöbling, Neulerchenfeld, Eisgrub, Rudelsdorf, Gaya, Voitelsbrunn, Bruck, Nussdorf, Höflein und Kinitz); Bujtur in Siebenbürgen; Zalisce, Szukowicze, Olesco in Polen, Tarnopol in Galizien.

Manche Abänderungen dieser Art gleichen in der Form und den Verzierungen sehr der *Rissoa turricula* Eichwald, daher sie auch häufig mit ihr verwechselt, oder als Varietäten mit ihr vereinigt wurden. Es fehlt ihr jedoch immer der verdickte Mundsaum, die Stärke des Gehäuses und die punktirte Querstreifung, Charaktere, die nur an rein marinen Schnecken so ausgesprochen vorkommen. Ich betrachte daher diese durch die Zartheit der Schale bezeichnete Form, die sich erwiesenermassen nur in Brakwasserschichten findet, als eine selbstständige Art, und nenne sie *Rissoa inflata* Andrz., da ich mich an Originalexemplaren überzeugt habe, dass sie vollkommen mit derselben übereinstimmt. Weniger bestimmt kann ich die Übereinstimmung der *Melania Roppii* Dubois angeben, deren Originalexemplare für mich bis jetzt unerreichbar geblieben sind; doch stimmen ihre Fundorte wie ihre Beschreibung so weit mit den von Eichwald beschriebenen Varietäten der *Rissoa turricula* überein. dass ich mich veranlasst sah, sie hier anzuführen, obwohl ihre verhältnissmässig bedeutende Grösse kaum von dieser Art erreicht werden dürfte.

Nach Original-Exemplaren aus der Sammlung des Herrn Deshayes.

45. *Rissoa angulata* Eichwald.

Taf. IV, Fig. 45.

1830. *Rissoa angulata* Eichw. Naturh. Skiz. Lithauen. p. 218.
1835. „ *turritella* Andrz. Bull. Soc. Géol. VI. p. 322.
1835. „ *limata* Desh. Bull. Soc. Géol. VI. p. 322.
1853. „ *angulata* Eichw. Leth. Rossica. p. 268. T. 10. F. 10.
1856. „ Hörnes Wiener Beck. I. p. 577. T. 48. F. 23.

R. testa tenui, elongato-turrita, apice acuta, anfractibus 7 sensim crescentibus, valde convexis angulatis, longitudinaliter costatis; costis 12—18 obliquis, aliquando sinuatis, interstitiis laevibus rarius transversim subtilissime striatis. Apertura subrotundata, vel subquadrangulata; labro arcuato, infra producto, simplici.

Schale dünn, thurmförmig verlängert mit konischem spitzem Gewinde und 7 gleichmässig zunehmenden, stark gewölbten, in der Mitte knieförmig abgebogenen Windungen, welche ungefähr 12—18 schiefe, geschweifte, gegen die Näthe zu schwächer werdende Längsrippen tragen. Die Zwischenräume derselben sind gewöhnlich glatt, seltener mit äusserst feinen, dicht gedrängten Querstreifen versehen. Die Mündung ist rundlich, bei den Exemplaren mit stark gekielten Windungen fast viereckig; die Aussenlippe geschweift, unten stark vorgezogen und einfach ohne Wulst; die Innenlippe sehr schmal und wenig umgeschlagen. Bei einzelnen Exemplaren ist eine Anlage zu einer Nabelspalte wahrzunehmen.

Die grösseren Exemplare messen in der

Länge 0·25 W. Z. oder 6·7 Millim., in der
Breite 0·1 „ „ „ 2·5 „

Einzelne überschreiten sogar noch diese Maasse, die Mehrzahl jedoch ist kleiner, die kleinsten erreichen kaum die Länge von 1 Millim.

Vorkommen: Fossil (miocän) in Brakwasserschichten, meistens in Gemeinschaft mit der vorhergehenden Art und mit Paludinen.

Fundorte: Im Wiener Becken, allenthalben wo die vorige vorkommt: Podolien. Salisze, Zukowce.

Wie bei der vorhergehenden Art zeigen sich auch bei dieser zwei Abänderungen: eine mit gekielten und die andere mit runden Windungen. Erstere haben nie, die letzteren dagegen immer Querstreifen, wie dies in gleicher Weise bei den beiden Abänderungen der *Rissoa inflata* zu bemerken ist.

Es herrscht überhaupt eine so auffallende Ähnlichkeit in ihrem Vorkommen, in der Textur des Gehäuses, in der Veränderlichkeit ihrer Grösse und Form und besonders ihrer Jugend-Exemplare, welche bei beiden Arten vollkommen gleich sind, dass es wahrscheinlich erscheint, dass beide Arten zusammen nur eine, aber vielgestaltige Art bilden, deren Verschiedenheiten sich nach zwei Richtungen besonders ausgebildet haben.

Bis jetzt sind weder von dieser, noch der vorhergehenden Art lebende Repräsentanten aufgefunden worden, welche über ihre Stellung und Verwandtschaft einigen Aufschluss hätten geben können. Unter den fossilen Arten dagegen besitzt die vorliegende Art einige Ähnlichkeit mit der *Rissoa Clotho*, während die *Rissoa inflata* sich mehr zur *Rissoa turricula* hinneigt.

Bei den aussergewöhnlichen Veränderungen, welche diese Art sowohl in Form und besonders in Grösse erleidet, ist es nicht unwahrscheinlich, dass die *Rissoa crux* Eichw. (Leth. Ross. 1853, p. 274) hieher gehörte. Die Beschreibung derselben passt vollständig auf unausgebildete Exemplare der *Rissoa angulata;* auch habe ich unter den vielen Sendungen von fossilen Rissoen aus Polen keine andere Form aufgefunden, welche der Beschreibung der *Rissoa crux* besser entsprochen hätte.

Was die hiehergehörige *Rissoa turritella* Andrzejowski betrifft, so konnte ich Originalstücke von Andrzejowski bei Herrn Deshayes untersuchen. Da der Name bereits vergriffen war, legte Deshayes dieser Form den neuen Namen *Rissoa limata* bei.

Die Original-Exemplare für *Rissoa angulata* Eichw. sind von Herrn Staatsrath von Eichwald eingesendet und in der kaiserl. Sammlung in Wien aufbewahrt.

46. Rissoa Zitteli Schwartz.

Taf. IV, Fig. 46.

R. testa tenui, elata, turrita; anfractibus 8 convexis, in medio valde carinatis, sensim crescentibus; 3 superioribus et ultimo interdum etiam penultimo laevibus, reliquis subcostatis, costis abbreviatis nodulosis; sutura profunda; apertura subrotundata vel subquadrangulata, labro acuto, infra producto.

Schale dünn, sehr verlängert, thurmartig mit 8 sehr gewölbten und in der Mitte stark gekielten Windungen; die 3 obersten derselben sind glatt, die übrigen bis auf die letzte und theilweise auch die vorletzte mit sehr verkürzten knotenartigen Längsrippen versehen, welche nur am Kiel deutlich hervortreten und gegen beide Näthe zu verschwinden; die Nath ist tief; die Mündung rundlich und erhält durch die kielartig erweiterten Windungen eine etwas quadratische Form. Aussenlippe geschweift, in der unteren Hälfte stark vorgezogen und schneidend.

Durchschnittliche Länge 0·21 W. Z. oder 5·65 Millim.
„ Breite 0·07 „ „ „ 2

Vorkommen: Subfossil in Brakwasserschichten.

Fundort: Rhodus.

Diese schöne und eigenthümliche Art gehört vermöge ihrer Gestalt, der Textur des Gehäuses, der unten vorgezogenen geschweiften und schneidenden Aussenlippe ohne allen Zweifel in diese Anhangsgruppe und zwar in die unmittelbare Nähe der *Rissoa angulata* Eichwald. Sie dürfte, wenn ihre entsprechende recente Form bekannt wird, vielleicht die Brücke bilden, über welche die *R. angulata* sich bis auf unsere Zeit verfolgen liesse.

Unter allen 532 Rissoen, welche aufgestellt und bekannt geworden sind, kommt ihr nur eine einzige in die Nähe und dies ist die ebenfalls nur in quaternären Formationen vorkommende *Rissoa dimidiata* Eichwald; der Beschreibung und Zeichnung nach zu urtheilen, stimmen die beiden Arten in der Grösse und den gekielten Windungen mit einander überein, doch erwähnt Eichwald nichts von Falten am Kiele, welche unsere Exemplare auffallend charakterisiren.

47. *Rissoa dimidiata* Eichwald.

1858. *Rissoa dimidiata* Eichw. Bull. Mosc. II. p. 125.

Leider konnte ich von dieser interessanten Art keine Originalexemplare erhalten, aus der Beschreibung Eichwald's ist indess ersichtlich, dass sie der vorhergehenden Art und der *Rissoa angulata* nahe verwandt sein dürfte. Sie wird wie die *Rissoa Zitteli* nur in Quaternär-Bildungen angetroffen. Die Beschreibung Eichwald's lautet folgendermassen:

„*Testa turrita altiuscula, anfractus spirae medio simpliciter carinati, apertura ovalis angulo subacuto.*

Testa minor, 6—7 anfractibus extructa sensim increscentibus, superis evanidis mox vero in sequentibus medio carinatis ultimoque reliquis majore, non ventricoso, spira subplana, carinis anfractuum paullulum emergentibus, ultimus horum crasitie leniter adauctus, a penultimo non nihil ambitu recedens.

Altitudo testae ultra 2 Lin., latitudo ultimi anfractus vix lineam excedit; altitudo aperturae 3/4 Lin. ac lat. 1/2 fere lin. excedit. Apertura ovalis subacuto angulo notabilis, margine columellari paullulum reflexo, integro.

Fundort: In einem ganz jungen Kalkconglomerat der Küste von Dagestan.

Alphabetisches Namensregister der Rissoen.

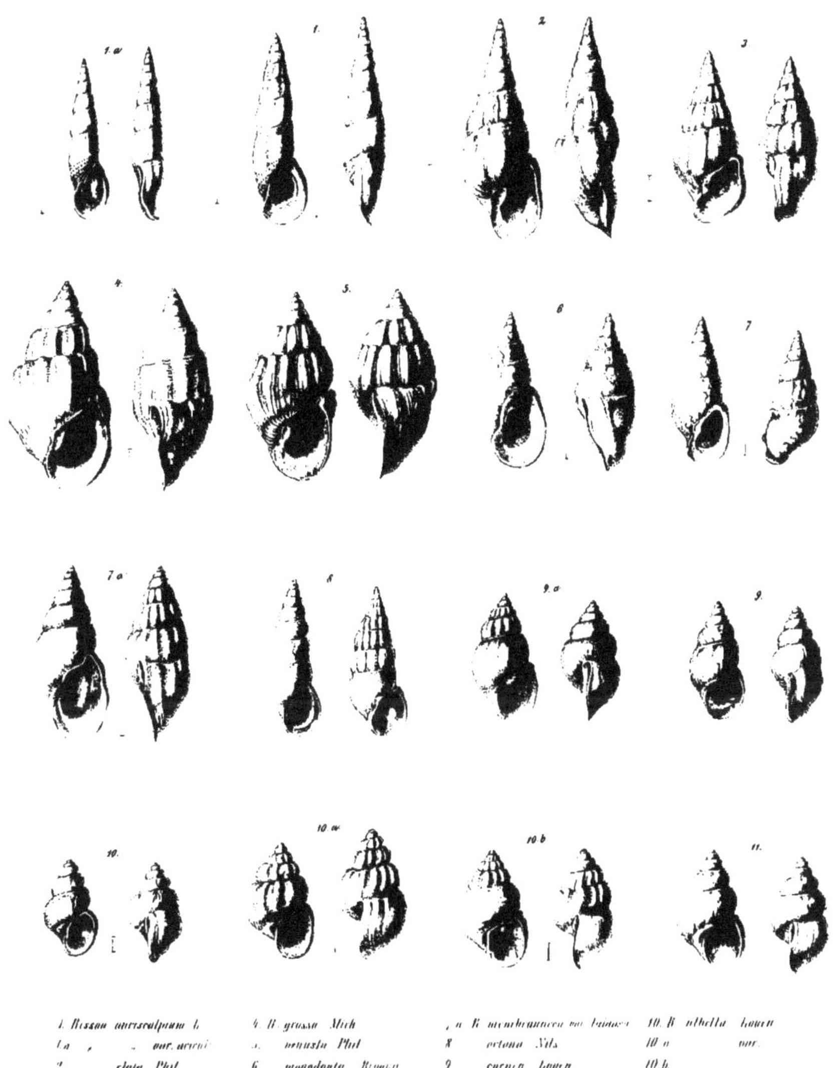

1. Rissoa auriscalpium L.
1.a „ „ var. acicul
2. „ elata Phil.
3. „ oblonga Desm.
4. R. grossa Mich.
5. „ venusta Phil.
6. „ monodonta Bivona
7. „ membranacea Ad.
7.a R. membranacea var. labiosa
8. „ octona Nils.
9. „ cornea Lovén
9.a „ var.
10. R. albella Lovén
10.a „ var.
10.b
11. „ var. Sarsi Lovén

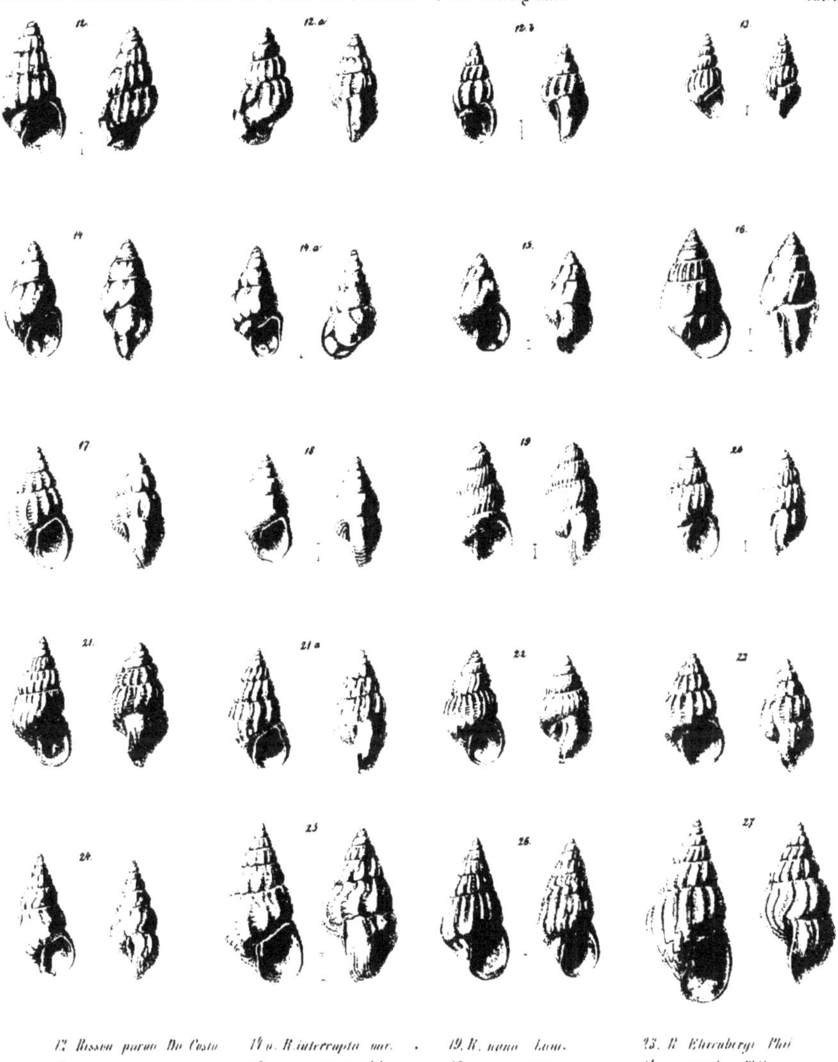

12. Rissoa parva Da Costa.
12. a.
12. b. „ var.
13. dolium Nyst.
14. interrupta Adams.
14 a. R. interrupta var.
15. corrugata Adams.
16. marginata Mich.
17. Lachesis Basterot.
18. exigua Eichw.
19. R. nana Lam.
20. var.
21. pulchella Phil.
21 a. var.
22. curvaspirata Alder.
23. R. Ehrenbergi Phil.
24. simplex Phil.
25. plicatula Risso.
26. radiata Phil.
27. lineolata Michaud.

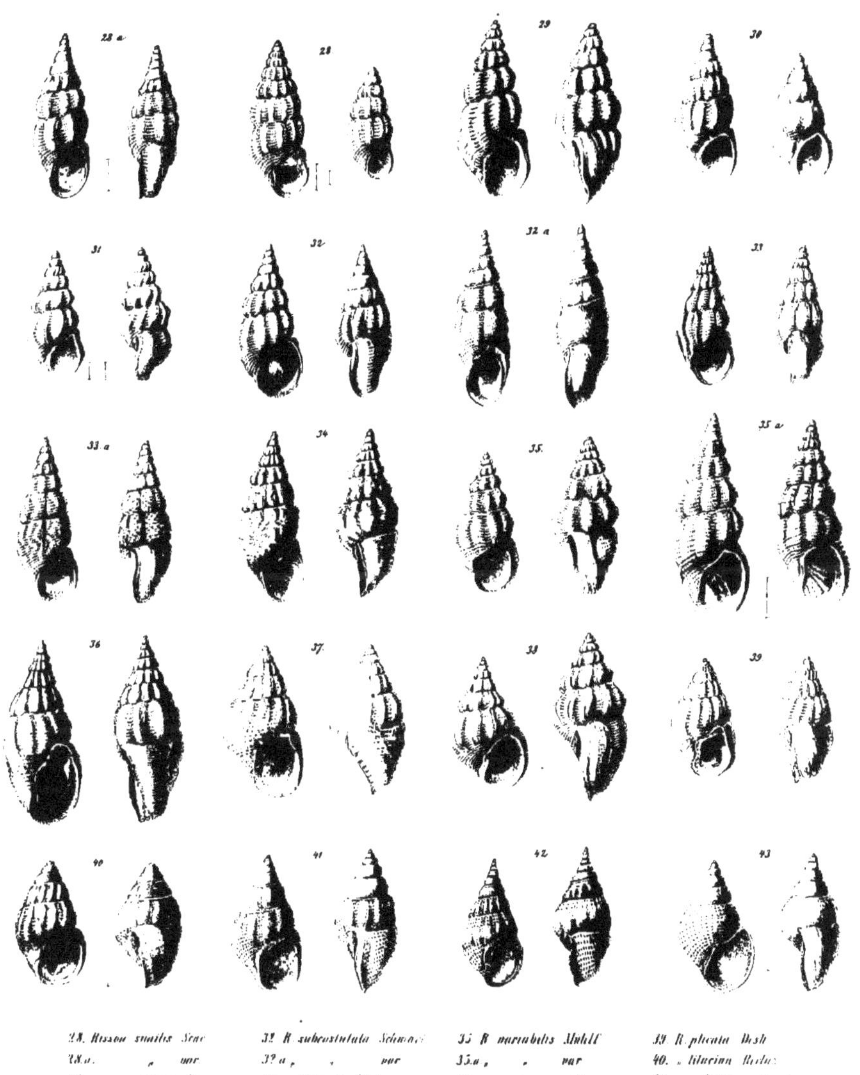

28. Rissoa similis Scac.
28. a. „ var.
29. „ antiqua Bon.
30. „ Sulzeriana Riss.
31. „ Clotho Hörnes.
32. R. subcostulata Schwartz.
32. a. „ var.
33. „ decorata Phil.
33. a. „ var.
34. „ Guerinii Recluz.
35. R. variabilis Mühlf.
35. a. „ var.
36. „ ventricosa Desm.
37. „ splendida Eichw.
38. „ turricula Eichw.
39. R. plicata Desh.
40. „ lilacina Recluz.
41. „ rufilabrum Leach.
42. „ violacea Desmar.
43. „ porifera Lovén.

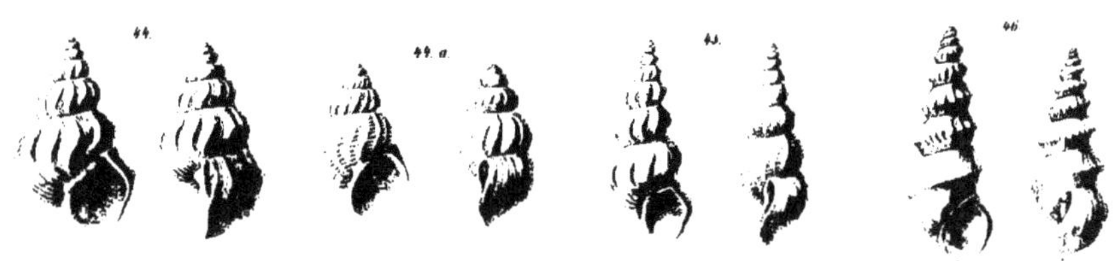

Übersichts-Tafel.

Darstellung der geologischen Reihenfolge und der wahrscheinlichen Abstammung der fossilen und recenten Rissoen.

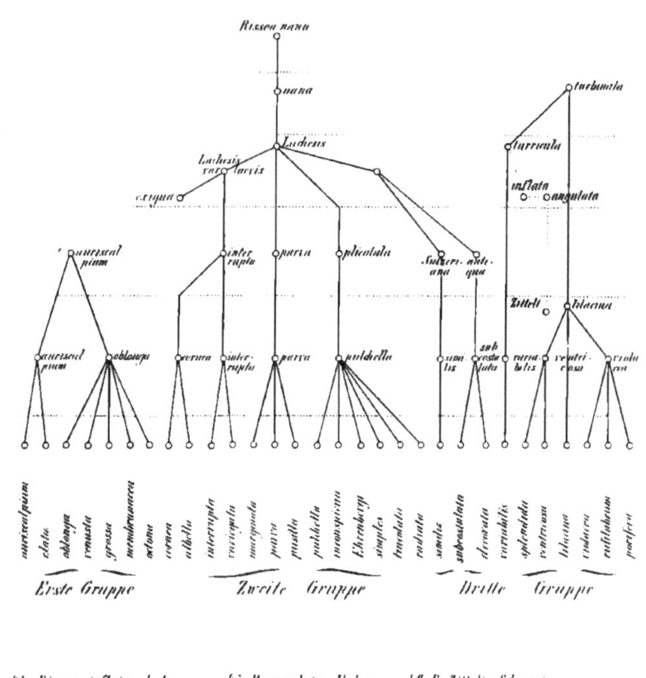

44. Rissoa inflata Andrz. 45. R. angulata Eichw. 46. R. Zitteli Schwartz.